AI와 과학 수업

인공지능총서

인공지능 시대입니다. 기계가 인간의 인지를 대신하고, 사물이 인간을 통하지 않고 다른 사물과 직접 커뮤니케이션합니다. 이에 따른 인간 삶과 문명 변화를 정확히 이해·예측·대응하는 것은 이 시대 우리 모두의 과제입니다. 인공지능총서는 인공지능 기술과 환경의 여러 주제를 10가지 키워드로 정리합니다. 관련 개념과 이론, 학계와 산업계의 쟁점, 우리 일상의 변화를 다룹니다. 인간과 기술의 현재, 미래를 세심히 분석합니다.

일러두기

- 인명, 작품명, 저서명, 개념어 등은 한글과 함께 괄호 안에 해당 국가의 원어를 병기했습니다.
- 외래어 표기는 현행 어문규정의 외래어표기법을 따랐습니다.

처음이세요?

전문가세요?

AI와 과학 수업

김지연·문선희

대한민국, 서울, 커뮤니케이션북스, 2025

AI와 과학 수업

지은이 김지연·문선희
펴낸이 박영률

초판 1쇄 펴낸날 2025년 10월 20일

커뮤니케이션북스(주)
출판 등록 2007년 8월 17일 제313-2007-000166호
02880 서울시 성북구 성북로 5-11
전화(02) 7474 001, 팩스(02) 736 5047
commbooks@commbooks.com
www.commbooks.com

ISBN 979-11-430-1009-4 03500

책값은 뒤표지에 표시되어 있습니다.

차례

교육 패러다임의 대전환과 AI의 등장

우리는 지금 교육사의 중대한 전환점에 서 있다. AI(Artificial Intelligence)의 등장은 단순히 새로운 기술 도구의 추가가 아닌, 교육 패러다임 자체의 근본적 변화를 예고하고 있다. 유네스코(UNESCO, 2024)는 "AI가 교육 분야에서 가져올 변화의 잠재력을 불에 비유하며, 인류에게 가져다준 혁신적 기술"이라고 평가한 바 있다.

흔히 AI와 교육을 논할 때 '대체'라는 단어가 먼저 떠오른다. AI가 교사를 대체할 것인가, 학습자의 사고 능력을 퇴화시킬 것인가 하는 우려가 그것이다. 그러나 이러한 이분법적 사고에서 벗어나 새로운 관점으로 접근해 보면, AI는 인간을 대체하는 존재가 아닌 교육 현장의 새로운 파트너로서 자리 잡을 수 있다. 본 연구에서는 이러한 협력적 관계를 'AI 파트너십'으로 정의한다. 이는 AI가 교사와 학생의 교수-학습 과정을 지원하고 촉진하는 역할을 하며, 기술적 도구 사용을 넘어 교육적 상호작용의 질을 향상하는 것을 목표로 한다.

특히 과학 교육에서 AI는 독특한 가능성을 제공한다.

복잡한 과학 개념의 시각화, 가상 실험 환경 구축, 개별 학습자의 탐구 과정 지원 등 과학 교육의 고유한 특성과 결합할 때 AI는 단순한 정보 제공 도구를 넘어 사고를 촉진하는 지능형 동반자로 기능할 수 있다.

과학 수업에서 AI 시뮬레이션을 통해 복잡한 실험 과정을 안전하게 체험하는 모습, 물리 시간에 AI가 각 학생의 이해 수준을 실시간으로 파악하여 최적화된 탐구 문제를 제시하는 상황, 생물 수업에서 학생들이 AI와 가설을 주고받으며 자신의 과학적 사고를 정교하게 다듬어 가는 장면들을 상상해 보자. 그러나 이러한 기술적 가능성에 대한 기대와 함께, 우리는 AI 교육 활용의 한계와 위험을 간과해서는 안 된다.

책의 구성

이 책은 AI 시대를 맞이하여 교육의 근본적인 질문을 던지며, AI를 단순한 도구가 아닌, 학생들의 사고를 확장하고 잠재력을 키우는 지능형 파트너로 정의하며 새로운 교육의 방향을 제시한다.

1장에서는 교육 패러다임이 전통적인 교사 중심 방식에서 학생 주도 탐구 학습으로 전환되는 과정을 구체적으로 설명한다. AI는 학생의 이해 수준을 정교하게 진단하고 그에 맞춰 설명을 제공하며 연속적인 질문을 생성하는 지능형 동반자가 된다.

2장에서는 교육 현장에서 활용될 수 있는 다양한 AI 도구들의 고유한 특성과 활용법을 제시한다. 구체적으로 퍼플렉시티(Perplexity)의 출처 기반 검증 기능, 클로드(Claude)의 논리적 분석 능력, 챗지피티(ChatGPT)의 대화형 탐구 기능, 캔바(Canva)를 활용한 시각적 구현, 감마 앱(Gamma App)을 통한 사고 구조화, 그리고 노션(Notion)을 활용한 협업 관리 등 각 도구가 학습 및 교수 활동에서 어떻게 차별화된 도움을 줄 수 있는지 상세히 설명한다. 교사와 학생이 AI를 목적에 맞게 선택하고 활용하는 디지털 역량의 중요성을 강조한다.

3장에서는 AI 활용의 필수 전제 조건인 비판적 사고와 정보 검증 능력을 다룬다. AI가 만들어 내는 환각 현상(Hallucination), 학습 데이터에 내재된 편향성, 그리고 맥락 이해의 한계 등 기술적 문제를 언급한다. 학생들은 AI가 제공하는 정보를 맹목적으로 수용하지 않고 비판적으로 질문하며, 다양한 출처를 통해 정보를 검증하는 방법을 익혀야 한다.

4장에서는 변화된 환경에서 교사의 핵심 역할을 제시한다. 교사는 학생들이 정보 활용에 숙달되도록 안내해야 한다. 또한, 학생들이 고정 관념을 깨고 새로운 시각을 갖도록 탐구 방법을 익히게 하고, 메타 인지를 통해 자신의 학습 과정을 되돌아볼 수 있게 안내해야 한다. 나아가 교사는 학생들이 AI 활용을 넘어 사회적 협력과 융합적 사고를 하고 실제 사회 문제를 해결할 수 있는 역량을 기르도록 이끌어야 한다.

5장에서는 AI 환경에서 교사가 갖춰야 할 네 가지 핵심 전문성 영역을 제시한다. 첫째는 AI와 협력하여 학생 주도의 깊이 있는 탐구를 설계하는 능력, 둘째는 AI의 진단 결과를 활용하여 개인화된 학습 진단을 내리고 맞춤형 지원을 제공하는 능력, 셋째는 AI의 한계를 명확히 인식하고 비판적 AI 활용 능력을 가르치며 인간 고유의 역량을 개발시키는 능력, 넷째는 끊임없이 변화하는 기술과 교육 환경에 대응하기 위한 미래 지향적 교사 공동체를 구축하는 능력이다.

6장에서는 생성형 AI로 인해 변화한 교실의 실제 모습을 보여 준다. 학생들은 AI와 질문 기반의 끊임없는 상호작용을 하면서 자신의 사고를 심화하고 메타 인지와 비판적 사고를 기른다. AI는 교사를 대신하여 개별화된 설명을 제공하고, 교사는 학생들의 사고 과정을 관찰하는 조력자, 멘토의 역할을 한다. 개별 학습과 협력 학습이 균형 있게 조화를 이루는 새로운 교육 방식이 실현된다.

7장에서는 AI와 글쓰기 수업 및 평가의 새로운 패러다임을 다룬다. AI는 학생들이 글쓰기에서 새로운 것을 창조해야 한다는 부담감을 낮춰 주며, 학생들이 기존의 정보를 자신의 언어로 재구성하는 경험을 수월하게 수행하도록 돕는다. 이때 '글을 새로 생산해 내는 능력'만이 아니라, 방대한 정보 속에서 정보를 선별하고 비판적으로 재구성하는 능력이 평가의 대상에 포함된다. 수업-평가-포트폴리오가 하나로 통합된 시스템에서 학생들이 AI와 나눈 대화 기록, 초안, 완성된 글, 그리고 동료나 교사의 피드백은 모두 포트폴리오에 기록되는 과정을 통해 학생은 자기 주도적 학습자로 성장한다.

8장에서는 AI 도입이 학습자의 인지적 발달과 교육의 근본적 가치에 미칠 수 있는 위험들을 기술적, 개인적, 사회적 차원의 세 가지 층위로 분석한다. 기술적 위험에서는 AI의 '블랙박스'로 인한 교육적 책임 소재의 불분명함, 편향된 데이터 학습으로 인한 사회적 불평등 재생산, 그리고 학습자의 개인 정보 침해 등의 문제를 이야기한다. 개인적 위험에서는 학습자 개인이 AI에 과도하게 의존하다 보면 문제 해결력이나 깊이 있는 사고력, 메타 인지 능력 등이 퇴화될 수 있다고 경고한다. 사회적 위험에서는 AI 기반의 극단적 개인화가 공동체 의식을 약화시키고, AI의 효율성 중심 논리가 실패를 통한 학습을 긍정하는 교육의 본질적 가치를 간과하고, 인간적 관계성을 훼손할 수 있음을 경고한다.

9장에서는 이러한 위험을 학습자, 교수자, 교육 행정의 영역별로 구체화하여 분석한다. 학습자 차원에서는 AI가 학습자의 능력을 제대로 진단하지 못하거나 학습자의 학습 능력을 고정된 것으로 라벨링할 위험을 이야기한다. 교수자 차원에서는 AI를 이용한 수업 설계가 획일화되어 교육의 다양성을 제한하고, 교사와 학생의 관계를 데이터 중심 관리로 변질시킬 수 있음을 경고한다. 교육 행정 차원에서는 AI가 학생을 낙인찍거나, 교육 현장의 질적 측면을 간과하여 교육 불평등을 심화시킬 가능성을 지적한다. AI는 기술적 효율성이 아닌 교육적 필요와 윤리적 적절성을 기준으로 활용되어야 하며, 인간의 판단력과 책임 아래 보조적인 역할을 해야 한다는 원칙을 제시한다.

10장에서는 AI는 교육을 대체하는 존재가 아니라 갈릴레이의 망원경처럼 인간 능력을 확장하는 도구이자 파트너임을 강조한다. AI가 제공하는 맞춤형 학습, 실시간 피드백 등의 기술적 효율성을 인정하면서도, 교사만이 가진 인간 고유의 가치를 부각한다.

AI 시대의 교육 현장에서는 교사의 역할이 기존의 지식 전달자에서 학습 조력자로 변화하고 있다. 이러한 변화는 교육이 더 이상 일방적 지식 전달의 장이 아니라, 교사와 학생, 그리고 AI가 함께 만들어 가는 협력적 학습 공동체로 발전하고 있음을 보여 준다. AI를 단순한 정답 제공 도구가 아닌 학생의 질문과 탐구를 촉진하는 파트너가 되어야 하고, 교사는 지식 전달자에서 사고 촉진자로 역할을 맡아야 한다.

AI 시대 교육의 성공은 기술 자체가 아니라 교육의 본질적 가치를 유지하면서 새로운 기술을 어떻게 활용하느냐에 달려 있다. AI의 아버지로 불리는 마빈 민스키(Marvin Minsky) MIT 교수는 "전통적인 교육에서는 창의성을 촉진하는 대신, 실수를 방지하는 데 집중한다"라고 비판하며, 교육이 학습자의 탐구와 발견을 장려해야 한다고 강조했다. AI 시대의 교육 또한 기술을 활용해 정답을 빠르게 찾아 주는 것이 아니라, 학습자가 스스로 질문하고 탐구하며 창의적으로 사고할 수 있는 환경을 조성하는 것이 핵심이 되어야 할 것이다.

참고문헌

교육부(2020). "인공지능 시대 교육정책 방향과 핵심과제". https://www.korea.kr/docViewer/skin/doc.html?fn=193113713&rs=/docViewer/result/2020.11/20/193113713

교육부(2020). "인공지능시대 교육정책방향과 핵심과제". https://www.korea.kr/archive/expDocView.do?docId=39237

교육부(2022). "디지털 인재양성 종합방안 기본계획" https://www.moe.go.kr/boardCnts/viewRenew.do?boardID=72769&boardSeq=92573&lev=0&searchType=null&statusYN=W&page=1&s=moe&m=0315&opType=N

Minsky, M.(2019). *Inventive Minds: Marvin Minsky on Education*. MIT Press.

UNESCO(2021). *AI and Education: Guidance for Policy-makers*. UNESCO Publishing.

UNESCO(2024). Generation AI: Navigating the opportunities and risks of artificial intelligence in education. https://www.unesco.org/en/articles/generation-ai-navigating-opportunities-and-risks-artificial-intelligence-education

01
질문 중심 학습의 새로운 생태계

"왜?"라는 단순한 질문 하나가 교실을 완전히 바꿔 놓고 있다. 교사가 지식을 전달하고 학생이 수동적으로 받아들이던 전통적 교육이 무너지고 있다. 이제 학생들은 스스로 질문을 던지고 답을 찾아 나서며, AI는 단순한 정보 검색 도구를 넘어 탐구 방향을 제시하는 개인 맞춤형 학습 동반자가 된다. 과연 이런 변화가 우리 교실에 어떤 새로운 가능성을 열어 주고 있을까?

기후 위기와 인공지능?

학생 주도적 탐구와 질문의 힘

"선생님, 원자 폭탄은 들어 봤는데 분자 폭탄은 없어요? 분자도 터지지 않나요?"

한 학생의 순수한 질문이 교실에 울려 퍼졌을 때, 우리는 과학 교육의 본질을 다시 생각해 보게 된다. 이 질문은 단순해 보이지만, 실제로는 원자와 분자의 구조적 차이, 핵반응과 화학 반응의 본질적 차이, 그리고 에너지 방출 메커니즘의 근본적 차이를 포함하고 있다.

전통적인 교육 환경에서는 이런 질문에 대해 교사가 즉석에서 답변하거나, 학생에게 조사 과제를 부여하는 것이 일반적이었다. 그러나 제한된 수업 시간과 정해진 교육 과정 속에서 이런 예상치 못한 질문들은 종종 충분히 다뤄지지 못하고 지나가기 쉬웠다. 더욱이 한 학생의 질문이 다른 학생들에게는 이해하기 어려운 수준일 수 있어, 개별적인 탐구로 이어지기가 어려웠다.

하지만 AI와 함께하는 교육에서는 이 질문이 완전히 다른 차원의 탐구로 발전할 수 있다. AI는 학생과 함께 "핵력과 화학 결합의 차이는 무엇인가?", "$E=mc^2$에서 질량이 에너지로 바뀌는 것과 화학 반응에서 전자가 재배열되는 것은 무엇이 다른가?", "그럼 분자 수준에서 가장 큰 에너지 변화는 어떤 반응에서 일어날까?"와 같은 연속적인 질문들을 생성하며, 점진적으로 깊이 있는 과학적 탐구로 이끌어 간다.

특히 주목할 점은 AI가 학생의 이해 수준에 맞춰 설명의 깊이와 방식을 조절할 수 있다는 것이다.

초등학생에게는 "원자는 아주 작은 레고 블록 같은 것이고, 원자 폭탄은 이 블록 자체가 쪼개지면서 엄청난 힘이 나오는 거야. 그런데 분자는 이 레고 블록들이 손을 잡은 모양이라서, 손을 놓으면 블록은 그대로 있고 단지 다른 블록과 새로 손을 잡을 뿐이야. 그래서 분자 폭탄은 없는 거지"라고 구체적인 비유로 설명할 수 있다.

반면 고등학생에게는 "핵분열에서는 원자핵이 쪼개지면서 질량이 에너지로 바뀌는 $E=mc^2$ 과정이 일어나는데, 이때 나오는 에너지가 엄청나다. 하지만 화학 반응에서는 원자핵은 그대로 두고 전자들만 재배열되면서 분자들이 새로 결합하는 과정이라 에너지가 핵반응보다 수백만 배 작다. 그래서 가장 강력한 화학 폭발물도 핵폭탄에는 비교가 안 되는 거야"라고 좀 더 과학적 개념을 사용해 설명할 수 있다. 이는 한 교사가 30명의 학생을 대상으로 하는 전통적 수업에서는 불가능했던 개인 맞춤형 탐구 경험을 제공할 수 있다는 것을 말한다.

이처럼 예상치 못한 질문들은 종종 가장 깊이 있는 탐

구의 시작점이 되며, 현대 과학 교육에서 생성형 AI는 바로 이러한 학생들의 자연스러운 호기심을 더욱 풍부하고 체계적으로 탐구할 수 있는 새로운 교육 파트너로 자리 잡고 있다. AI는 단순히 정답을 제공하는 정보 검색 도구가 아니라, 학생과 함께 질문을 탐구하고 새로운 질문을 생성하며, 사고 과정 자체를 풍부하게 만들어주는 지적 동반자로 기능한다. 결국 AI는 학생 주도적 탐구 학습의 가능성을 획기적으로 확장하고, 모든 학생이 자신만의 과학적 호기심을 충분히 펼칠 수 있는 교육 환경을 만들 수 있다.

AI와 함께하는 학습 생태계 변화

전통적인 과학 교육에서는 교사가 미리 준비된 커리큘럼을 차례대로 전달하고, 학생들은 이를 수용하고 암기하는 패턴이 주를 이루었다. 주기율표를 외우고, 공식을 암기하고, 실험 결과를 예측할 수 있는 형태로 정리하는 것이 학습의 핵심이었다. 이런 환경에서 때론 학생들의 질문은 창의적일수록 오히려 수업 진행을 방해하는 요소로 여겨지기도 했다.

하지만 AI와 함께하는 교육에서는 근본적으로 다른 접근이 가능해진다. 예를 들어, "물은 왜 100도에서 끓나요?"라는 기본적인 질문에서 시작해서, AI는 학생과 함께 "수증기압이란 무엇인가요?", "고도가 높아지면 왜 끓는점이 낮아지나요?", "압력솥에서는 왜 물이 더 높은 온도에서 끓나요?", "그럼 다른 액체들도 모두 같은 원리로 끓는 건가요?"와 같은 연속적인 탐구 과정을 만들어 갈 수 있다.

이러한 연속적 탐구가 가능한 이유는 AI가 학생의 답변을 실시간으로 분석하여 다음 단계의 질문을 생성할 수 있기 때문이다. 만약 학생이 "수증기압이 대기압과 같아지면 끓는다"라고 답한다면, AI는 즉시 "그럼 대기압이 낮은 곳에서는 어떻게 될까?"라는 질문을 제시할 수 있다. 또한 AI는 학생이 이해하지 못하는 부분을 파악하여 "아, 압력이라는 개념이 어려운가요? 먼저 공기가 우리를 누르는 힘에 대해 생각해 볼까요?"와 같이 설명의 수준을 조절한다. 더 나아가 AI는 학생의 관심사나 배경지식을 고려하여 개인화된 질문을 만들어 낸다. 요리에 관심이 많은 학생에게는 "라면을 끓일 때 산에서와 바다에서 차이가 날까?"라고 묻고, 과학에 관심이 많은 학생에게는 "진공에서는 물이 어떻게 될까?"라고 질문할 수 있다.

이러한 교육 방식을 'AI 파트너십'이라고 부를 수 있다. AI 파트너십이란 학습자가 AI와 함께 질문을 생성하고, 탐구 과정을 설계하며, 다양한 과학 분야의 연결점을 발견해 나가는 협력적 학습 과정을 의미한다. 전통적인 교육에서 교사가 미리 정해진 지식을 전달하는 것과 달리, AI 파트너십에서는 학습자의 호기심과 질문을 출발점으로 삼아 지식의 경계를 넘나들며 학습이 진행된다.

특히 원자와 분자, 주기율표와 같은 추상적 개념을 다룰 때 AI 파트너십의 효과는 더욱 분명해진다. AI는 학생의 이해 수준에 맞춰 설명을 조정하고, 학생이 놓칠 수 있는 연결 고리를 제시하며, 복잡한 개념을 단계적으로 구조화하여 이해할 수 있도록 안내한다.

AI와의 지속적인 대화 과정에서 학생들은 자신의 사고 과정을 메타 인지적으로 성찰하게 된다는 점도 중요하다. "내가 왜 이런 질문을 했을까?", "이 답변에서 또 어떤 궁금증이 생겼을까?", "내가 이해하지 못하는 부분은 정확히 무엇일까?"와 같은 자기 성찰적 사고가 자연스럽게 발달하게 된다. 학생들은 AI와의 대화를 통해 자신만의 탐구 경로를 설계하고, 복잡한 과학 개념을 단계적으로 이해해 나갈 수 있다.

각각의 AI 도구는 고유한 특성에 따라 질문 중심 학습의 다양한 차원을 지원하며, 이들이 조화롭게 결합할 때 학생 주도적 과학 탐구의 새로운 생태계가 형성된다. 예를 들어, 한 학생이 '전자기 유도'에 대해 궁금해한다면, 퍼플렉시티(Perplexity)를 통해 신뢰할 수 있는 출처에서 패러데이 법칙과 전자기 유도의 기본 원리를 탐구하고, 클로드 AI(Claude AI)와 함께 자기장의 변화가 전류를 만들어 내는 각 과정을 체계적으로 분석하며, 챗지피티(ChatGPT)와 자연스러운 대화를 통해 "발전기는 어떻게 전기를 만들어낼까?", "스마트폰 무선 충전도 전자기 유도와 관련이 있을까?"와 같은 연속적인 질문을 발전시킬 수 있다.

나아가 캔바 AI(Canva AI)를 활용해 자기장과 전류의 상호작용을 시각적으로 표현하고, 감마 앱(Gamma App)으로 친구들에게 설명할 프레젠테이션을 제작하며, 노션 AI(Notion AI)를 통해 다른 학생들과 협력하여 전자기학의 다양한 현상들을 종합적으로 탐구할 수 있다. 이러한 과정에서 학생은 단순히 전자기 유도라는 개념을 암기하는 것이 아니라, 물리 현상의 복잡성과 아름다움을 직접 체험하며 과학적 사고력을 기르게 된다. 이러한 다양한 AI 도구의 교육적 활용을 위한 특성에 관한 이야기는 다음 장에서 좀 더 다뤄 보자.

이제 과학 교육은 교사 주도의 일방적 지식 전달에서

학생 주도의 질문 중심 탐구 공동체로 전환될 수 있다. 학생들은 더 이상 정해진 답을 찾아가는 수동적 학습자가 아니라, 스스로 질문을 생성하고, 다양한 AI 도구의 특성을 활용하여 자신만의 탐구 경로를 설계하는 능동적 탐구자가 된다.

참고문헌

김명희 외(2023). “인공지능(AI) 기반 맞춤형 학습 적용 수업의 효과 및 참여자 인식에 대한 연구”. 《교육문화연구》, 29(1), 137~159쪽.

범은애 외(2023). “인공지능(AI) 기반 맞춤형 학습의 효과검증: 기초 수학수업 사례 중심으로”. 《사물인터넷융복합논문지(JKIOTS)》, 9(3), 35~43쪽.

양윤의·조재룡(2020). “대학 교양교육의 정체성 확립을 위한 ‘질문 중심 학습’ – 고려대학교 공통교양 〈자유정의진리〉를 중심으로”. 《교양교육연구》, 14(5), 175~187쪽.

Bransford, J. D. et al.(2000). *How People Learn: Brain, Mind, Experience, and School.* National Academy Press.

Dillenbourg, P.(2016). The Evolution of Research on Digital Education. *International Journal of Artificial Intelligence in Education, 26*(2), 544~560쪽.

Holmes, W. et al.(2019). *Artificial Intelligence in Education: Promises and Implications for Teaching and Learning.* Center for Curriculum Redesign.

Scardamalia, M. & Bereiter, C.(2006). Knowledge Building: Theory, Pedagogy, and Technology. In Sawyer, R. K.(ed.).

Cambridge Handbook of the Learning Sciences. pp. 97~115. Cambridge University Press.

02
AI 도구의 교육적 활용

AI 시대의 학생들은 각종 도구를 가지고 자료를 수집하는 동시에, 출처를 검토하고 논리를 구조화하며, 시각화와 협업을 통해 깊이 있는 질문을 만들어 간다. 다양한 AI 도구들이 어떻게 학생들의 배움의 과정에서 탐구의 신뢰성과 창의성을 높여 줄 수 있는지 살펴본다.

노래하는 AI 보컬?

퍼플렉시티: 과학적 탐구의 새로운 방식, 출처 기반 학습

퍼플렉시티 AI(Perplexity AI)는 사용자가 자연어로 질문을 입력하면 실시간으로 웹을 검색하여 최신 정보를 제공하는 AI 기반 검색 엔진이다. 가장 큰 특징은 모든 답변에 구체적인 출처를 명시하여 신뢰도를 높인다는 점이다. 기존의 챗지피티(ChatGPT) 같은 AI 도구가 사전 학습된 데이터를 바탕으로 답변을 생성하는 것과 달리, 퍼플렉시티는 웹의 다양한 소스에서 정보를 결합하여 답변을 생성한다.

이러한 특성 덕분에 교사는 퍼플렉시티를 통해 출처 기반의 신뢰할 수 있는 과학적 탐구 수업을 구성할 수 있다. 교사는 학생들이 단순히 답변을 받아들이는 것이 아니라, 제시된 출처를 통해 과학적 정보의 신뢰성을 평가하고 검증하는 능력을 기르도록 지도할 수 있다.

"물이 끓을 때 왜 기포가 생기나요?"와 같은 기본적인 궁금증에서 시작하여, 교사는 학생들에게 먼저 퍼플렉시티에서 이 질문을 검색하게 할 수 있다. 퍼플렉시티는 과학적 논문, 교육 자료, 신뢰할 수 있는 웹사이트 등의 출처를 제시하면서 답변을 구성하는데, 이때 중요한 것은 교사가 학생들이 답변 자체보다는 출처를 먼저 확인하도록 지도하는 것이다.

교사는 학생들이 출처 분석을 통해 "이 설명이 나온 출처는 어디인가요?", "이것이 과학적 논문인가요, 아니면 교육 자료인가요?"와 같은 질문을 던지며 정보의 성격을 파악하도록 안내할 수 있다. 이어서 교차 검증 과정에서 "다른 과학 자료에서도 같은 설명을 하고 있나요?", "여러 출처에서 일치하는 내용은 무엇인가요?"와 같은 질문을 통해 정보의 일관성을 확인하게 할 수 있다. 마지막으로 "이 연구는 언제, 누가 수행했나요?", "연구 기관이나 저널의 신뢰도는 어떤가요?"같이 연구 배경을 확인하는 질문을 통해 출처의 권위성을 평가하도록 지도할 수 있다. 이러한 단계적 접근을 통해 교사는 학생들이 정보의 신뢰성을 평가하는 방법을 체득하도록 도울 수 있다.

교사는 이 과정에서 학생의 질문이 자연스럽게 발전하도록 유도할 수 있다. "수증기압과 대기압이 같아지면 왜 끓게 되는 건가요?", "고지대에서는 물이 왜 더 낮은 온도에서 끓나요?", "진공 상태에서는 물이 어떻게 될까요?" 각 단계에서 교사는 학생들이 새로운 답변에 대해서도 동일한 출처 검증 과정을 반복하도록 안내할 수 있다.

교사는 학생들이 나사(NASA)의 우주 실험 데이터, 대학의 물리학 교재, 과학 저널의 실험 결과, 교육부 인증 과학 교육 자료 등 다양한 출처를 직접 확인하며 출처의 종류별 신뢰도를 구분하는 능력을 기르도록 지도할 수 있다. 예를 들어, 동료 심사를 거친 과학 저널의 논문이 일반 웹사이트 정보보다 더 신뢰할 수 있다는 것을 이해하고, 정부 기관이나 대학의 공식 자료가 개인 블로그보다 권위 있다는 것을 학습하도록 할 수 있다. 이러한 경험을 통해 교사는 학생들이 정보의 위계와 신뢰도를 판단하는 비판적 사고 능력을 기르도록 도울 수 있다.

특히 교사는 퍼플렉시티를 활용하여 상반된 견해나 논쟁이 있는 과학적 주제에 대해서도 균형 잡힌 시각을 제시하는 수업을 구성할 수 있다. 예를 들어, '기후 변화의 원인'에 대해 탐구할 때, 교사는 학생들이 먼저 다양한 과학적 연구 결과와 데이터를 수집하여 서로 다른 관점들을 파악하도록 안내할 수 있다. 이어서 각 관점을 제시한 연구의 출처, 연구 방법, 발표 시기 등을 비교 분석하며, 주류 과학계의 합의와 소수 의견을 구분하여 이해하도록 지도할 수 있다. 마지막으로 어떤 증거가 더 강력한지, 그 이유는 무엇인지에 관한 토론을 통해 과학적 논증의 구조를 학습하도록 할 수 있다.

이러한 과정을 통해 교사는 학생들이 과학적 합의가 단순히 다수결로 결정되는 것이 아니라, 증거의 질과 검증 과정을 거쳐 형성된다는 것을 이해하도록 도울 수 있다. 또한 과학적 논증이 어떻게 구성되는지, 어떤 주장이 더 설득력이 있는지에 대한 체험적 학습을 통해 비판적 사고력을 기르도록 지원할 수 있다.

클로드: 논리적 사고와 추론의 검증

클로드 AI(Claude AI)는 앤트로픽(Anthropic)에서 개발한 대화형 AI로, 긴 텍스트 처리와 복합적 추론이 강점이다. 다른 AI와 달리 상당한 분량의 자료를 한 번에 분석하고 체계적으로 정리하는 능력이 뛰어나며, 논리적 구조를 갖춘 상세한 설명을 제공하는 것이 특징이다.

"산과 염기가 만나면 왜 중화반응이 일어나는가?"라는 질문에서 교사는 클로드와 함께 학생들이 이온 수준에서의 반응 메커니즘을 단계별로 분석해 나가도록 안내할 수 있다. 단순히 "H+이온과 OH-이온 결합해서 물이 된다"라고 설명하는 것이 아니라, 교사는 클로드를 활용하여 "산성 용액에서 H+이온의 농도가 높다는 것은 무엇을 의미하는가?", "물의 이온곱 상수 Kw는 왜 항상 일정한가?", "르샤틀리에 원리는 중화반응에서 어떻게 적용되는가?"와 같은 연관된 개념들을 체계적으로 연결하여 설명하도록 할 수 있다.

교사는 초기 질문을 "pH 7이 중성인 이유는 무엇인가?", "강산과 약산의 중화반응은 무엇이 다른가?", "완충용액은 어떤 원리로 pH를 일정하게 유지하는가?"와 같은 위계적이고 논리적인 질문들로 확장하면서, 학생들이 화학적 개념 간의 관계를 체계적으로 이해할 수 있도록 클로드를 활용할 수 있다.

교사는 클로드의 또 다른 강점인 학생이 제시한 가설이나 추론을 비판적으로 검토하고, 논리적 오류나 개념적 혼동을 찾아내어 교정해 주는 능력을 수업에 활용할 수 있다. 예를 들어, 학생이 "산성비는 모든 금속을 녹이는가?"라고 질문했을 때, 교사는 클로드를 통해 '산성비의 pH 범위', '금속의 반응성 순서', '부식 메커니즘의 차이' 등을 종합적으로 분석하여 학생이 분석적이고 체계적인 사고 과정을 기를 수 있도록 지원할 수 있다.

교사는 클로드를 활용한 논리적 검증 수업을 통해 과학적 사고력 향상에 매우 효과적인 학습 환경을 구성할 수 있다. 교사는 학생들에게 일상에서 접하는 과학 관련 주장이나 추론을 제시하고, 클로드와 함께 그 논리적 타당성을 검증하는 과정을 진행할 수 있다. 예를 들어, "비타민 C가 감기를 완전히 예방한다"라는 주장에 대해 교사는 클로드를 통해 학생들과 함께 이 주장의 전제와 결론 사이의 논리적 연결 고리를 분석하며, "완전히 예방한다"라는 표현의 절대성이 과학적으로 타당한지, 비타민 C의 면역 기능 강화 효과와 감기 예방 사이의 인과 관계가 논리적으로 성립하는지를 체계적으로 검토하도록 안내할 수 있다. 이 과정에서 교사는 학생들이 단순히 정보를 받아들이는 것이 아니라, 주장의 논리적 구조를 파악하고, 전제의 타당성을 평가하며, 결론 도출 과정에서 발생할 수 있는 논리적 오류를 찾아내는 능력을 기르도록 지도할 수 있다. 또한 교사는 클로드를 활용하여 학생들이 제시한 반박 논리나 대안적 해석의 타당성을 함께 검토하며, 과학적 추론에서 논리적 일관성이 어떻게 유지되어야 하는지에 대한 이해도 높여줄 수 있다.

챗지피티: 자연스러운 대화를 통한 깊이 있는 탐구

오픈AI(OpenAI)에서 개발한 챗지피티(ChatGPT)는 가장 널리 알려진 대화형 AI로, 자연스럽고 유창한 대화를 통해 사용자와 상호 작용을 한다. 질문에 대한 답변뿐만 아니라 적절한 반문과 후속 질문을 제시하여 대화를 지속적으로 발전시키는 능력이 뛰어나다.

교사는 챗지피티의 대화 확장 능력을 활용하여 학생들의 사고를 체계적으로 깊게 만들어 갈 수 있다. "전류가 흐르면 왜 자기장이 생기는가?"라는 초기 질문을 시작점으로 설정하면, 교사는 챗지피티가 "전기와 자기는 원래 별개의 현상이라고 생각했는데, 어떻게 서로 연결되어 있을까?", "그럼 자석 근처에서 전선을 움직이면 전기가 생기는 것도 같은 원리인가?", "전자기파는 전기와 자기가 어떻게 결합한 형태인가?"와 같은 질문들을 자연스럽게 이어 가도록 수업을 설계할 수 있다.

교사는 챗지피티의 감정 파악 능력을 수업 운영에 전략적으로 활용할 수 있다. 챗지피티가 학생의 학습 상태를 민감하게 파악하고 그에 맞는 격려나 도전을 제공하는 특성을 이용하여, 교사는 개별 학생의 수준에 맞는 차별화된 학습 경험을 제공할 수 있다. 학생이 어려움을 겪고 있을 때는 더 쉬운 예시를 들어 설명하도록 하고, 학생이 깊이 있는 사고를 보일 때는 더 도전적인 질문을 제시하도록 챗지피티를 안내할 수 있다. "오른손 법칙은 왜 성립하는 것인가?"라는 질문에 대해서도, 단순히 규칙을 설명하는 것이 아니라 '벡터의 외적', '3차원 공간에서의 좌표계', '물리 법칙의 대칭성' 등으로 사고를 확장하도록 수업을 구성할 수 있다.

교사는 챗지피티의 창의적 탐구 능력을 다른 생성형 AI와 차별화되는 방식으로 수업에 활용할 수 있다. 챗지피티가 학생의 호기심을 자극하는 가설 설정 능력이 뛰어나고, 학생이 제시한 아이디어를 바탕으로 새로운 탐구 방향을 제안하는 데 특화되어 있다는 점을 활용하여, 교사는 학생 중심의 탐구 학습을 설계할 수 있다. 예를 들어, 학생이 "식물도 밤에 숨을 쉬는가?"라고 질문했을 때, 교사는 챗지피티가 "만약 식물이 밤에 산소를 소비한다면 밀폐된 온실에서는 어떤 일이 일어날까?", "식물의 호흡과 광합성 비율이 계절에 따라 어떻게 변할까?", "사막 식물들은 물을 아끼기 위해 호흡 방식도 다를까?"와 같은 창의적 질문들을 연속적으로 제시하도록 수업을 진행할 수 있다. 이러한 수업 설계를 통해 학생들은 단순한 정보 습득을 넘어서 과학적 현상에 대한 새로운 관점을 발견하고, 스스로 가설을 세우고 검증하려는 태도를 기를 수 있다. 또한 교사는 챗지피티가 학생이 일상생활에서 경험할 수 있는 현상들과 과학적 개념을 자연스럽게 연결해 주는 능력을 활용하여, "전동기와 발전기는 같은 원리로 작동하는가?", "스마트폰의 무선 충전도 전자기 유도 때문인가?"와 같은 질문들을 통해 학생들이 과학을 추상적 지식이 아닌 살아 있는 현실로 인식할 수 있도록 수업을 운영할 수 있다.

캔바: 개념의 시각적 구현을 통한 메타 인지의 심화

캔바(Canva)는 원래 온라인 디자인 플랫폼이었으나, 최근 AI 기능을 통해 텍스트 프롬프트만으로도 인포그래픽, 포스터, 다이어그램 등을 자동 생성할 수 있게 되었다. 캔바 AI의 독특한 특성은 과학 개념을 시각적으로 구현하는 과정에서 학생들의 메타 인지적 사고를 자극한다는 점이다.

교사는 캔바 AI의 시각화 기능을 활용하여 학생들이 자신의 개념 이해도를 스스로 점검할 수 있는 수업을 설계할 수 있다. 학생들은 "지구의 판 구조 운동을 어떻게 효과적으로 시각화할 수 있을까?"라는 메타 인지적 질문에서 시작해서, "맨틀 대류와 판의 이동을 어떤 색깔과 화살표로 표현할까?", "수억 년에 걸친 변화 과정을 어떻게 단계별로 보여 줄까?", "히말라야산맥의 형성 과정을 2차원 그림으로 어떻게 설명할까?"와 같은 질문들을 탐구하게 된다.

교사는 이 과정에서 학생들이 자신이 개념을 얼마나

정확히 이해했는지 스스로 확인하도록 돕는 캔바 AI의 고유한 특성을 수업에 활용할 수 있다. 복잡한 과학적 개념을 시각적으로 표현하려고 노력하는 과정에서, 학생들은 자신이 이해하는 부분과 그렇지 않은 부분을 명확히 구분한다. "대류 현상을 그림으로 그리려니 뜨거운 물질이 위로 올라가는 과정을 정확히 모르겠다"라는 깨달음이 "대류가 일어나는 조건은 무엇인가?", "밀도 차이가 대류에 미치는 영향은 어떻게 될까?"와 같은 새로운 질문으로 이어진다.

교사는 캔바 AI를 활용해, 다른 생성형 AI와는 다른 방식으로 과학 소통 능력을 향상할 수 있다. 캔바 AI는 학생들이 자신이 이해한 과학적 개념을 다른 사람들과 효과적으로 소통하는 능력을 기르는 데 특화되어 있다. 예를 들어, "DNA의 이중 나선 구조를 초등학생들도 이해할 수 있게 설명하려면 어떻게 해야 할까?", "세포 분열 과정을 만화로 표현한다면 어떤 캐릭터와 상황을 설정할까?"와 같은 과제를 학생들에게 부여해 과학적 사고와 창의적 표현 능력을 동시에 자극하는 수업을 운영할 수 있다. 이러한 수업 설계를 통해 학생들은 단순히 과학 지식을 암기하는 것을 넘어서 자신만의 방식으로 개념을 재구성하고 표현하는 능력을 기르게 되며, 이는 과학적 창의성과 소통 능력을 동시에 향상하는 효과를 가져온다.

감마 앱: 논리적 사고 구조화를 통한 추론 능력의 향상

감마 앱(Gamma App)은 AI를 활용한 프레젠테이션 제작 도구로, 학생이 주제와 핵심 내용을 입력하면 자동으로 슬라이드를 구성해 주고 디자인을 생성해 준다. 하지만 감마 앱의 진정한 교육적 가치는 단순히 예쁜 프레젠테이션을 만드는 것이 아니라, 학생들이 자신의 사고를 논리적으로 구조화하고 효과적으로 전달하는 능력을 기르는 데 있다.

감마 앱은 캔바 AI와 달리 시각적 표현보다는 내용의 논리적 순서와 구조에 집중한다. 캔바 AI가 "어떻게 보여 줄까?"라는 시각적 표현 중심의 사고를 자극한다면, 감마 앱은 "어떤 순서로 설명할까?"라는 논리적 구조 중심의 사고를 요구한다. 이러한 차별점으로 인해 감마 앱은 학생들이 복잡한 과학적 개념을 체계적으로 정리하고 단계별로 전개하는 능력을 기르는 데 효과적이다.

교사는 감마 앱의 사고 구조화 기능을 활용하여 학생들이 과학적 개념과 소통 능력을 통합적으로 발전시킬 수 있는 수업을 설계할 수 있다. '화산 폭발의 메커니즘'을 배우는 프로젝트에서 학생들은 "마그마가 어떻게 지표면까지 올라오는가?", "화산 분출 유형은 왜 다르게 나타나는가?", "화산 활동이 기후에 미치는 영향은 무엇인가?"와 같은 지구 과학적 질문들을 탐구하면서, 동시에 "복잡한 지질 현상을 친구들이 쉽게 이해할 수 있게 설명하려면 어떻게 해야 할까?", "과학적 정확성을 유지하면서도 흥미롭게 전달하는 방법은 무엇일까?"와 같은 소통 측면에 대해서도 고민하게 된다.

교사는 감마 앱의 AI가 학생이 입력한 내용을 분석하여 논리적 흐름을 제안하고, 각 슬라이드 간의 연결성을 점검하며, 청중의 이해를 돕는 시각적 요소를 추천하는 기능을 수업에 전략적으로 활용할 수 있다. 이 과정에서 학생들은 "내가 설명하려는 핵심 아이디어는 무엇인가?", "이 개념을 이해하기 위해 먼저 알아야 할 배경지식은 무엇인가?", "청중이 가장 궁금해할 부분은 어디일까?"와 같은 메타 인지적 질문들을 지속적으로 던지게 된다.

감마 앱의 과학적 탐구 과정 구조화 기능을 수업에 적극적으로 활용한다면, 이는 내용 구성의 논리성을 지원하고 학생들이 과학적 사고와 의사소통 능력을 통합적으로 발전시킬 수 있도록 돕는다. 교사는 '도입 - 전개 - 결론'의 단순한 구조를 넘어서, '문제 제기 - 가설 설정 - 증거 제시 - 결론 도출 - 추가 질문'과 같은 과학적 탐구 과정을 프레젠테이션 구조에 반영하도록 수업을 설계할 수 있다. 이러한 수업 운영을 통해 학생들은 단순히 과학 지식을 나열하는 것을 넘어서 자신의 사고 과정을 체계적으로 정리하고, 논리적 근거를 바탕으로 주장을 전개하며, 청중과 효과적으로 소통하는 능력을 기르게 된다.

노션: 구조화된 협업, 데이터베이스 기반 학습 관리 시스템 구축

노션(Notion)은 문서 작성, 데이터베이스, 캘린더, 협업 등의 기능을 통합한 플랫폼으로, 최근 AI 기능이 추가되어 교육 현장에서 통합적 학습 관리 시스템으로 활용할 수 있는 도구가 되었다. 여러 학생이 동시에 같은 페이지에서 작업하며 실시간으로 내용을 동기화할 수 있는 협업 환경을 제공한다는 점에서 패들렛과 유사하지만, 노션의 핵심적인 차별점은 단순한 메모지 붙이기가 아니라 구조화된 데이터베이스 기반으로 학습 과정을 체계적으로 관리할 수 있다는 점이다. 노션 AI는 각 학생이 개별적으로 자신의 학습에 대해 요약, 개선, 아이디어 제안 등의 도움을 받을 수 있는 개인화된 학습 도우미 역할을 한다.

패들렛이 링크 주소를 통해 간편하게 아이디어를 공유하고 협업할 수 있는 도구라면, 노션은 교사가 더욱 체계적인 학습 설계와 관리를 할 수 있는 환경을 제공한다(물론 노션도 링크 주소를 통해 공유하고 협업할 수 있다). 교사는 노션을 활용해 프로젝트 기반 학습, 포트폴리오 관리, 협력 학습 등 다양한 교육 활동을 통합적으로 운영할 수 있다. 예를 들어, 과학 탐구 수업에서는 학생별 탐구 주제, 진행 상황, 참고 자료, 실험 결과 등을 데이터베이스로 구조화하여 관리하고, 캘린더 기능으로 학습 일정을 시각적으로 제시하며, 각 학생이 개별 페이지에서 노션 AI를 활용해 탐구 과정을 심화할 수 있도록 지원할 수 있다.

예를 들어, "물질의 상태 변화" 탐구 프로젝트를 진행한다고 가정해 보면, 교사는 학생 이름, 탐구 주제, 진행 단계, 마감일, 참고 자료 등의 속성을 가진 데이터베이스를 구축하여 학급 전체의 학습 상황을 체계적으로 관리할 수 있다. 각 학생은 자신의 페이지에서 '얼음이 녹는 과정'이나 '물이 증발하는 과정' 등을 탐구하면서 노션 AI에게 "이 내용을 더 과학적으로 설명해 줘"라고 요청하거나 "이 현상과 관련된 다른 예시를 알려 줘"라고 질문하여 학습을 확장할 수 있다. 교사는 데이터베이스의 필터링과 정렬 기능을 통해 학습 진행 상황별로 학생들을 분류하여 개별 맞춤 지도를 제공하고, 학생들은 서로 다른 탐구 주제를 가진 동료들의 작업을 참조하며 협력적 학습을 경험할 수 있다.

패들렛의 자유로운 메모지 형태와 달리, 노션의 데이터베이스 구조는 교사가 과학적 사고 과정을 단계적으로 안내하고 학생들의 탐구 역량을 체계적으로 기를 수 있는 교육 환경을 제공한다. 실험 설계, 가설 설정, 실험 결과, 결론 도출 등의 각 단계를 템플릿으로 만들어 학생들이 일관된 형식으로 탐구를 진행하도록 지원하고, 태그 기능을 통해 관련 개념을 연결하여 통합적 사고를 촉진할 수 있다. 교사는 전체 학급의 탐구 진행 상황을 실시간으로 모니터링하면서 적절한 시점에 개별 피드백을 제공할 수 있고, 학생들은 단순한 정보 공유를 넘어서 구조화된 과학적 사고 과정을 체험하며 메타 인지 능력을 기를 수 있다. 이러한 환경에서 과학 개념들 사이의 연결고리를 발견하고 통합적 사고를 기르는 교육 목표는 체계적인 학습 관리와 학생들의 상호 작용, 그리고 교사의 전문적 안내를 통해 자연스럽게 달성될 수 있다.

참고문헌

교육부(2023). "2022년 인공지능(AI)교육 선도학교 우수사례집". http://www.d-2n.com/adm/e-book/2023_AI_information_book_3/#page=1

교육부 블로그(2024). "함께 보는 교육정책". https://m.blog.naver.com/moeblog?categoryNo=43&tab=1

서울특별시교육청(2022). "인공지능(AI) 교육 선도학교 우수사례집" https://buseo.sen.go.kr/buseo/bu10/user/bbs/BD_selectBbs.do?q_rowPerPage=10&q_currPage=1&q_sortName=&q_sortOrder=&q_searchKeyTy2=1005&q_searchStartDt=&q_searchEndDt=&q_bbsSn=1240&q_bbsDocNo=20221228140953000&q_searchKeyTy=ttl___1002&q_searchVal=인%25

그림책사랑교사모임(2025). 《에듀테크&AI 수업》. 교육과실천.

김용성(2024). 《AI 리터러시》. 프리렉.

김평·이용배(2024). "AI 교육 선도학교 프로그램 운영 현황 분석". 《디지털문화아카이브지》, 7(2), 125~142쪽.

안익재(2025). 《교사를 위한 패들렛》. 앤써북.

이동국 외(2023). 《교사 연구자들이 들려주는 연구와 실천 기반 인공지능 활용교육》. 테크빌교육.

이호정(2025). 《챗GPT·퍼플렉시티·클로드·코파일럿·제미나이 다 잘함》. 리코멘드.

임세범(2025). 《선생님을 위한 노션》. 엔써북.

정인걸·김경수(2025). 《된다! AI 학교 수업 활용법》. 이지스퍼블리싱.

조민정(2024). 《챗GPT 제대로 써먹기》. 한빛미디어.

한국교육학술정보원(2025). "2024년 디지털 기반 교육혁신 선도학교 우수사례집" https://www.keris.or.kr/main/ad/pblcte/selectPblcteETCIn

fo.do?mi=1142&pblcteSeq=13878

Bai, Y. et al. (2022). Constitutional AI: Harmlessness from AI Feedback. arXiv:2212.08073. https://ai-plans.com/file_storage/4f32fa39-3a01-46c7-878e-c92b7aa7165f_2212.08073v1.pdf

Barzilai, S. & Zohar, A.(2012). Epistemic Thinking in Action: Evaluating and Integrating Online Sources. *Cognition and Instruction, 30*(1), pp.39~85.

Bower, M. et al.(2014). Augmented Reality in Education – Cases, Places and Potentials. Educational Media International, 51(1), pp.1~15.

Chen, C. (2013). *Mapping Scientific Frontiers: The Quest for Knowledge Visualization.* Springer London.

Chen, L. et al.(2020). Artificial intelligence in education: A review. *IEEE Access, 8*, pp.75264~75278.

Clark, R. C. & Mayer, R. E.(2016). *E-learning and the science of instruction.* Wiley.

Kress, G. & van Leeuwen, T.(2006). *Reading Images: The Grammar of Visual Design.* Routledge.

03
AI 파트너십의 핵심 원칙

AI 파트너십 학습에서 학생은 단순한 정보 소비자가 아니라 비판적으로 사고하며 지식을 재구성해야 한다. 이때 교사의 역할은 지식을 가르치는 사람에서, 질문을 설계하고 사고를 촉진하는 안내자로 바뀐다. AI파트너십 학습에서 교육은 어떻게, 교사와 학생은 관계는 어떻게 바뀌어야 하는지 그 방향을 살펴보자.

인공지능과 편향?

비판적 질문과 정보 검증

AI 파트너십에서 가장 중요한 원칙은 학생이 AI의 답변을 비판 없이 수용하는 것이 아니라, 오히려 더 깊고 비판적인 질문을 던지도록 하는 것이다. 클로드의 프롬프트 입력창에 있는 "클로드는 실수할 수 있습니다. 응답을 반드시 다시 확인해 주세요"라는 문구는 단순한 면책 조항이 아니라, 사용자가 가져야 할 비판적 자세를 상징적으로 보여준다.

AI는 다양한 한계점을 가지고 있어 신중한 접근이 필요하다. 환각 현상(Hallucination)은 AI가 존재하지 않는 정보를 마치 사실인 것처럼 그럴듯하게 제시하는 현상으로, 특히 과학 교육에서는 치명적인 오류를 일으킬 수 있다. 예를 들어, AI가 "새로운 원소 119번이 최근 발견되었다"라는 잘못된 정보를 제공하거나, 존재하지 않는 과학자의 이론을 인용하는 경우가 발생할 수 있다. 이러한 환각 현상은 학생들에게 부정확한 과학적 지식을 전달할 위험성을 내포하고 있으며, 교육자들은 AI가 제공하는 정보의 신뢰성을 지속적으로 검증해야 하는 책임을 갖게 된다.

AI 데이터를 학습할 때, 데이터에 내재한 편향성을 반영하면 특정 집단에 대한 차별적 시각을 만들어 낼 수 있다. 이러한 데이터 편향성은 과학사를 다룰 때 여성 과학자나 비서구권 과학자의 기여를 과소평가하거나, 특정 지역의 전통 과학 지식을 무시하는 경향을 보일 수 있다.

또 AI는 맥락을 이해하는 데도 한계를 갖는데, 언어의 표면에 드러나지 않은 복잡한 상황의 미묘한 맥락을 완전히 이해하지 못해 부적절한 답변을 제공할 수 있다. 특히 과학 실험의 안전성이나 윤리적 고려 사항에 대해서는 신중하지 못한 조언을 할 수 있다.

AI에 과도하게 의존할 때 사용자의 비판적 사고 능력이 약화할 수 있다. 학생들은 스스로 생각하고 탐구하는 능력을 잃고, AI의 답변을 그대로 수용하는 습관을 지닐 수도 있다.

AI는 특정한 시점까지의 데이터를 학습하기 때문에 그 시점을 지난 최신의 과학 연구 결과나 새로운 발견에 대해서는 부정확한 내용을 전달할 수도 있다.

교사의 역할: 질문 설계자, 사고 촉진자

이러한 한계점들을 인식하고 극복하기 위해서는 학생들이 AI와 상호 작용을 하는 과정에서 지속적으로 비판적 질문을 던지는 습관을 기르는 것이 중요하다. 예를 들어, "힘과 가속도는 비례한다"라는 AI의 설명을 들은 한 학생이 단순히 이를 받아들이는 것이 아니라, "그럼 무거운 물건과 가벼운 물건을 같은 힘으로 밀면 얼마나 다를까요?"라고 질문하며 질량의 개념을 자연스럽게 탐구해 볼 수 있어야 한다. 이어서 "왜 자동차는 힘을 많이 써도 처음에는 천천히 출발하다가 점점 빨라지나요?"라고 실생활 경험과 연결하여 가속도 변화를 이해하려 하고, "공을 위로 던졌을 때 올라갔다가 내려오는데, 힘은 계속 아래로 작용하나요?"라는 질문을 통해 중력과 운동 방향의 관계를 탐구하는 능력이 필요하다.

마찬가지로 "전기 회로에서 전류는 전압에 비례하고 저항에 반비례한다"라는 AI의 기본 설명을 듣고도, 한 학생이 "그럼 전지를 더 많이 연결하면 전류가 계속 세져서 전구가 터지나요?"라고 전압과 전류의 관계를 실험적으로 이해하려 하고, "왜 겨울에 전기담요를 오래 쓰면 전선이 뜨거워져서 위험하다고 하나요?"라며 저항과 열 발생의 관계를 일상생활과 연결하여 생각해 볼 수 있어야 한다. 또한 "휴대폰 충전기는 왜 오래 쓰면 뜨거워지나요? 이것도 같은 원리인가요?"와 "물이 있는 곳에서 전기를 쓰면 왜 위험한가요? 물도 전기가 흐르나요?"라고 학생이 연속적인 질문을 던지며 학습한 개념을 친숙한 경험에 적용하고 전도성과 안전에 대해 사고를 확장해

나가는 능력이 중요하다.

더 나아가, 학생들은 AI가 제시한 정보를 다른 신뢰할 수 있는 출처와 비교 검증하고, 여러 AI 도구의 답변을 상호 비교하며, 자신이 직접 관찰하거나 실험한 결과와 대조해 보는 습관을 기르는 것이 필요하다. 이러한 과정에서 학생들은 과학적 지식의 형성 과정과 검증 절차를 체험하며, 진정한 과학적 소양을 기를 수 있다.

AI와의 파트너십에서 교사의 역할은 사라지는 것이 아니라 더욱 중요하고 전문적으로 변화한다. 바로 지식 전달자에서 탐구 촉진자로의 이동이다. 전통적으로 교사는 과학 지식을 보유하고 이를 학생들에게 전달하는 역할을 담당했지만, AI 시대에는 이러한 정보 전달 기능이 상당 부분 AI에 의해 대체될 수 있다. 그러나 이는 교사의 역할이 축소되는 것이 아니라, 오히려 더 고차원적이고 전문적인 역할로 전환되는 것을 의미한다.

교사는 학생들이 AI와 효과적으로 상호 작용을 할 수 있도록 안내하는 질문 설계자가 된다. 이는 단순히 '좋은 질문'을 만드는 것이 아니라, 학생의 인지적 발달 수준, 선행 지식, 흥미 분야 등을 종합적으로 고려하여 각 학생에게 최적화된 탐구 경로를 설계하는 것이다.

예를 들어, '중력'에 대해 학습하는 과정에서 교사는

학생들이 "왜 물체가 떨어지나요?"라는 기본적인 질문에서 시작하여, "중력은 어떻게 작용하나요?", "중력은 거리에 따라 어떻게 변하나요?", "우주에서는 중력이 어떻게 작용하나요?", "중력파란 무엇이고 어떻게 발견되었나요?"와 같은 점진적으로 심화하는 질문의 순서를 설계한다.

교사는 또한 학생들이 막연한 궁금증을 구체적이고 탐구 가능한 질문으로 정교화할 수 있도록 돕는다. "우주는 왜 검은색이에요?"라는 질문을 "밤하늘이 어두운 이유는 무엇인가요?", "우주에 별이 무수히 많다면 왜 하늘 전체가 밝지 않을까요?", "올베르스의 역설이란 무엇인가요?"와 같은 과학적으로 탐구할 수 있는 형태로 변환하도록 안내한다.

동시에 교사는 사고 촉진자로서 학생들이 던지는 질문의 방향을 조율하고, 탐구 과정에서 놓칠 수 있는 중요한 관점을 제시하며, 개별 학습과 협업 학습을 적절히 연결하는 역할을 담당한다. 이는 학생들이 AI와의 상호 작용에서 얻은 정보를 어떻게 해석하고 활용할지에 지원하는 사고 과정의 메타 인지적 안내자가 되는 것이다.

교사는 학생들이 AI의 답변을 비판적으로 평가할 수 있는 능력을 기르도록 지원한다. "이 AI의 설명이 맞는지 어떻게 확인할 수 있을까요?", "다른 관점에서는 어떻게 설명할 수 있을까요?", "이 설명에서 가정하고 있는 것들은 무엇인가요?"와 같은 질문을 통해 학생들의 비판적 사고를 촉진한다.

또한 교사는 학생들의 탐구 과정에서 나타나는 오개념이나 논리적 오류를 진단하고, 이를 교정하기 위한 적절한 피드백을 제공한다. AI가 제공하는 정보가 정확하더라도, 학생이 이를 잘못 이해하거나 적용할 수 있으므로 교사의 전문적 판단과 개입이 필요하다.

교사는 또한 학습 공동체의 조율자로서 개별 학생들의 AI 활용 경험을 전체 학급의 집단 학습으로 연결하는 역할을 한다. 각 학생이 AI와의 상호 작용에서 발견한 흥미로운 질문이나 새로운 관점을 다른 학생들과 공유하도록 촉진하고, 이를 통해 학급 전체의 과학적 사고력이 향상될 수 있도록 돕는다.

예를 들어, 한 학생이 AI와의 대화에서 "식물도 잠을 잘까요?"라는 질문했다면, 교사는 이를 학급 전체에서 논의하고 '생물학적 리듬', '일주기 현상', '식물의 감각 능력' 등과 관련된 주제로 발전시켜 확장된 집단 탐구가 이루어지도록 안내한다.

학습 주도권의 전환

AI는 학생들이 그들의 호기심을 더욱 체계적으로 탐구할 수 있게 해 주고, 질문의 연쇄를 이룰 수 있게 도와주며, 새로운 차원의 질문을 던지게 하고, 개별 학습과 협동 학습을 자연스럽게 연결할 수 있게 돕는다. 더욱 중요한 것은 이러한 질문 중심 사고가 과학 학습에서만 머물지 않고, 학생들의 일상적 사고로 자리 잡아, 질문 중심 사고가 생활화된다는 점이다. 이를 통해 학생은 학습의 주도권을 획득하게 되는 결과를 향해 다가가게 된다.

"왜 하늘은 파란색일까?"라는 질문에서 시작하여 '빛의 산란', '레일리 산란', '대기의 구성', '다른 행성의 하늘 색깔'로 이어지는 탐구 과정을 경험한 학생들은, 일상생활에서 마주치는 다양한 현상들에 대해서도 자연스럽게 '왜?', '어떻게?', '만약에?'와 같은 질문을 던지는 습관을 기르게 된다.

학습에서 AI 파트너십을 이용한다면 과학의 각 분야는 분과별로 나뉘어, 독립적으로, 개별적으로, 존재하는 것이 아니라, 상호 연결된 통합적 지식 체계로 인식될 수 있게 하는 바탕을 마련한다. 즉 지식의 연결(Networking)과 통합적 사고를 가능하게 한다.

물리학의 '에너지 보존 법칙'과 화학의 '화학 반응'은 본질적으로 동일한 원리를 다룬다. 나무가 연소할 때 화학 에너지는 열과 빛으로 전환되는 것이지 소멸하지 않는다. 배터리의 작동 원리도 마찬가지로 화학 에너지가 전기 에너지로 형태를 바꿀 뿐이다. 물리학의 에너지 보존 법칙이 화학 반응의 근본 원리가 된다.

생물학의 '광합성'과 지구 과학의 '대기 순환'의 관계를 보면, 식물의 광합성은 단순한 생물학적 현상이 아니라 지구 전체의 대기 시스템을 조절하는 핵심 요소다. 식물이 이산화탄소를 흡수하고 산소를 배출하는 과정이 지구 대기의 성분 비율을 결정한다. 북반구에서 봄철 식물의 활발한 광합성은 대기 중 이산화탄소 농도를 현저히 감소시키고, 가을철에는 반대 현상이 나타난다. 이러한 변화가 지구 전체의 대기 순환과 기후 변화에 직접적인 영향을 미치는 것이다.

이러한 통합적 접근은 학생들이 과학을 단편적인 지식의 집합이 아니라, 자연 현상을 설명하는 일관된 체계로 이해할 수 있게 해 준다. 더 나아가 과학적 지식이 기술, 사회, 문화와 어떻게 상호 작용을 하는지를 이해하며, 과학적 소양을 갖춘 시민으로 성장할 수 있는 기반을 마련해 준다.

AI 파트너십을 통한 과학 교육은 학생들에게 단순히

현재의 과학 지식을 전달하는 것이 아니라, 빠르게 변화하는 과학 기술 사회에서 스스로 학습하고 적응할 수 있는 능력을 기르는 것을 목표로 하여 평생 학습 능력을 함양하는 데 기여한다. AI와 함께 질문을 만들고, 탐구하고, 검증하고, 소통하는 과정을 통해 습득한 학습 능력은 졸업 후 현장에서 새로운 분야의 지식을 배울 때 더 효과적이기도 하다.

학생들은 새로운 과학적 발견이나 기술적 변화에 직면했을 때, AI를 활용하여 효과적으로 탐구하고 이해할 수 있는 능력을 갖추게 된다. 이는 단순한 정보 검색 능력을 넘어서, 복잡한 정보를 비판적으로 분석하고, 다양한 관점을 종합하며, 자신만의 견해를 만들어 갈 수 있는 고차원적 사고 능력이다.

이러한 환경에서 진정한 학습은 정답을 기억하는 것이 아니라, 스스로 질문을 던지고 그 질문을 통해 세상을 탐구해 나가는 과정에서 일어난다. 학생을 진정으로 변화시키는 것은 더 많은 정보를 제공하는 것이 아니라, 더 나은 질문을 던질 수 있는 능력을 기르는 것이다.

AI는 이러한 질문 중심 학습을 가능하게 하는 강력한 파트너이며, 다양한 AI 도구들은 학생들의 호기심을 더욱 깊이 있고 창의적으로 탐구할 수 있는 새로운 교육 생태계를 만들어 가고 있다. 교육의 목표는 정답을 만들어 내는 것에서 질문하는 능력을 기르는 것으로 바뀌어야 한다.

이것이 바로 AI와 함께하는 과학 교육의 새로운 패러다임이 추구하는 궁극적 목표다. 모든 학생이 세상에 대한 끊임없는 호기심을 가지고, 스스로 질문을 만들어 가며, 그 질문을 통해 더 깊이 있는 이해와 지혜를 얻어 가는 진정한 과학자의 탐구 태도를 길러야 할 것이다.

참고문헌

이주아·유선아(2025). "생성형 AI를 활용한 과학교육 분야의 국내외 연구 동향: 수업 설계와 학습 도구로서의 활용 분석". 《한국과학교육학회지》, 45(1), 19~31쪽.

Birhane, A. et al.(2022). The Values Encoded in Machine Learning Research. *FAccT 2022.*

Bommasani, R. et al.(2021). On the Opportunities and Risks of Foundation Models. arXiv:2108.07258.

Bransford, J. D. et al.(2000). *How People Learn: Brain, Mind, Experience, and School.* National Academy Press.

Dede, C.(2010). Comparing Frameworks for 21st Century Skills. In Bellanca, J. A. & Brandt, R. S.(eds.). *21st Century Skills.* pp.51~76. Solution Tree Press.

Luckin, R. et al.(2016). *Intelligence Unleashed: An Argument for AI in Education.* Pearson.

Xie, X.(2023). Influence of AI-driven Inquiry Teaching on

Learning Outcomes. *International Journal of Emerging Technologies in Learning, 18*(23), pp.59~70.

04
AI 시대 교사의 역할 재정립

AI 시대의 교사는 단순한 지식 전달자가 아니다. 학생의 인지적 성장을 이끄는 것은 물론, 사회적 협력을 촉진하고, 융합적 사고를 통해 실제 문제 해결까지 안내해야 한다. 더불어, AI를 단순히 사용하는 차원을 넘어 비판적으로 활용할 수 있도록 학생들의 사고 능력을 키우는 것도 교사의 책무다. 지금부터 펼쳐질 내용은 바로 이러한 교육의 새로운 방향성과 교사의 진화된 역할에 관해 이야기한다.

청각장애인과 AI?

지식 전달자에서 사고 촉진자로

과거에는 교사가 학생들에게 지식을 전달하는 주요 통로였다. 하지만 지금은 AI가 궁금한 것을 즉시 알려 주는 시대가 되었다. 이런 변화는 우리에게 근본적인 질문을 던진다. '교육이 진짜 해야 할 일이 무엇인가?'

과거 교육은 마치 '완성된 요리를 제공하는' 것과 같았다. 하지만 지금은 '재료를 보고 창의적인 요리를 만드는 방법을 가르치는' 교육으로 바뀌고 있다. 다시 말해, 정보 그 자체보다는 정보를 어떻게 활용해서 생각하고 추론하는지가 교육의 핵심 목표가 된 것이다.

화학 수업을 예로 들어 보자. 기존 수업에서는 '수소 결합이란 수소 원자와 전기 음성도가 큰 원자 사이의 상호 작용'이라는 정의를 암기하는 것이 핵심이었다. 하지만 새로운 방식은 다르다. "물이 다른 액체보다 끓는점이 높은 이유를 수소 결합으로 설명할 수 있다면, 이 원리를 사용해서 다른 분자들이 어떤 성질을 보일지 예측할 수 있을까?"라고 묻는 것이다.

이런 새로운 방식은 학생들이 이미 알고 있는 개념을 바탕으로 새로운 상황을 분석하도록 요구한다. 물(H_2O)이 분자량에 비해 높은 끓는점(100℃)을 갖는 이유가 수소 결합 때문이라는 것을 이해했다면, 암모니아(NH_3)나

플루오린화수소(HF) 같은 다른 분자들도 비슷한 이유로 예상보다 높은 끓는점을 가질 것이라고 예측할 수 있어야 한다. 반대로 메테인(CH_4)처럼 수소 결합을 형성하지 않는 분자는 분자량에 비례하는 낮은 끓는점을 가질 것으로 추론할 수 있어야 한다.

이러한 추론과 예측 능력은 AI로부터 정보를 얻을 수 있는 시대에도 대체될 수 없는 핵심 역량이다. 왜냐하면 정보를 단순히 찾는 것과 그 정보를 새로운 맥락에 적용하여 문제를 해결하는 것은 전혀 다른 차원의 능력이기 때문이다. AI가 언제든 재료(정보)를 제공할 수 있는 환경에서, 학생들에게 정말 필요한 것은 그 재료들을 어떻게 조합하고 응용해서 새로운 결과물을 만들어 낼지 아는 능력이다.

개별 학생 인지 성장 지원

과학 교육의 첫 번째 목표는 학생 개인이 과학적으로 사고할 수 있는 역량을 기르는 것이다. 과학적으로 사고한다는 것은 다음의 구체적인 네 단계를 통해 실현될 수 있다. 고정 관념에서 벗어나 기존의 생각을 흔들고, 탐구하는 방법을 익히며, 일상에서 과학을 발견하고, 자신의 학습을 되돌아보는 것이다.

학생들이 당연한 것으로 생각하고 있는 사실에 균열을 만드는 것이 바로 그 첫 출발점이 될 수 있다. 아이들은 세상에 대한 나름의 이론을 가지고 교실에 온다. '무거운 것이 가벼운 것보다 빨리 떨어진다'와 같은 직관적 믿음이 그 예다. 이때 교사가 "그건 틀렸어, 중력가속도는 질량과 무관해"라고 단번에 정답을 말해 버리면 어떨까? 학생은 잠시 놀랄 뿐, 진정한 이해나 깨달음은 일어나지 않는다.

대신 "무거운 쇠구슬과 가벼운 깃털을 동시에 떨어뜨리면 어떻게 될까? 진공상태에서?"라고 묻는다면 학생은 '진공'이라는 조건을 고려하게 되고, 그동안 당연하게 여겨 깊이 생각하지 않았던 공기의 저항이라는 개념을 발견하게 된다. 이때 학생이 가지고 있던 기존의 지식, 스키마와 새롭게 유입된 정보가 충돌하면서 인지적 불균형이 생긴다. 바로 이 인지적 불편함이 학생을 능동적인 학습자로 만들 수 있다.

하지만 단순히 기존 생각을 흔드는 것만으로는 충분하지 않다. 학생들이 스스로 탐구하는 방법을 익혀 미지(未知)의 현상 앞에서 과학자처럼 생각하고 접근하도록 해야 한다.

실험실에서 산-염기 반응을 다룰 때를 생각해 보자.

pH 지시약의 색 변화를 관찰한 후, 교사는 이렇게 묻는다. "만약 지시약 없이도 반응의 완결점을 알 수 있는 방법을 개발할 수 있을까?"라는 질문을 던지고, 학생들에게 온도 변화, 전기 전도도 변화, 기체 발생 등과 관련된 다양한 검증 방법을 제안해 본다. 이 과정에서 그들은 단순히 매뉴얼을 따르는 것이 아니라, 관찰하고 의문을 품고 가설을 세우며 실험을 설계하고 결과를 해석하는 과학자의 사고 과정을 체험한다. 물론 그 과정에서 어떤 방법은 기대만큼 효과적이지 않을 것이고 예상하지 않은 결과가 나오기도 할 것이다. 하지만 이러한 시행착오 속에서 학생들은 실험의 결과를 해석하고 다시 실험을 설계하며 탐구 방향을 조정해 나갈 것이다.

과학적 사고는 실험실에서만 필요한 게 아니다. 일상의 궁금증을 과학적 탐구로 발전시키는 것 또한 과학 교사에게 필요한 핵심 역량이다. 학생이 "비누로 손을 씻으면 왜 세균이 죽나요?"라고 묻는다면, 교사는 기다렸다는 듯이, "비누의 분자 구조가 세균의 세포막에 어떤 작용을 할까요? 이 과정은 세균을 '죽이는' 걸까요? '제거하는' 걸까요?"라고 물어보자.

학생들은 단순히 '화학 반응'이나 '세균 구조'라는 개별적 개념에 머무는 것이 아니라, 비누의 분자 구조를 이해하고 그것이 세균의 세포막과 어떻게 상호 작용을 하는지를 탐색하는 과정을 통해 사고의 경로를 넓힌다. 이 상호 작용은 물리적 힘과 화학적 반응이 동시에 작용하는 현상으로 이어지고, 그 결과 세균이 제거되는 생물학적 현상까지 연결된다. 이러한 흐름 속에서 학생들은 화학, 물리, 생물 영역을 통합적으로 엮으며 하나의 일상적 질문을 과학적 융합 사고를 통해 다층적으로 이해하게 된다.

과학이 일상생활과 동떨어진 어려운 학문이 아니라 우리 주변 현상을 더 깊이 이해하는 도구라는 걸 학생들이 깨닫는 순간이다.

그런데 이 모든 과정에서 빠뜨리면 안 되는 것이 있다. 바로 학생 자신이 어떻게 배우고 있는지 되돌아보게 하는 것이다. 메타 인지, 즉 '사고에 대한 사고'는 과학 교육에서 특히 중요하다. 예를 들어 판 구조론을 배운 후, 교사는 이렇게 질문한다.

"처음에 베게너의 대륙 이동설을 믿지 않았던 과학자들의 반박 논리와 여러분이 처음에 가졌던 의문 사이에는 어떤 공통점이 있을까요?" 이 질문을 통해 학생들은 과학 지식이 절대적인 진리로 고정된 것이 아니라, 끊임없이 증거와 논리를 바탕으로 발전하는 과정임을 깨닫는다. 그와 동시에, "나는 어떤 근거로 이 생각에 도달했는가?", "내 사고의 흐름은 타당한가?"와 같은 자기 점검과 되돌아보는 질문을 스스로 던지는 능력이 길러진다. 이러한 메타 인지적 사고는 학생들이 단순히 지식을 받아들이는 것을 넘어, 자신의 이해 과정을 의식하고 능동적으로 조절하는 학습자로 성장하는 데 바탕이 된다.

사회적 협력과 융합적 사고 촉진

AI 시대의 교사는 단순히 개별 학생의 인지적 성장을 돕는 것을 넘어, 사회적 차원으로 확장된 역할을 수행해야 한다. 정보가 풍부하고 자동화된 시대일수록, 교사는 학생들이 과학을 사회 속에서 협력적으로 작동하는 지식 체계로 이해하고, 다양한 분야의 지식이 어떻게 융합되어 활용되는지를 학습할 수 있도록 안내해야 한다. 과학이 복합적인 사회적 · 윤리적 맥락 속에서 발전하는 협력적 탐구의 과정임을 학생들이 깨닫도록 도와야 한다.

AI가 개별 학습을 지원하는 시대, 교사의 핵심 역할은 학생들이 과학의 협력적 본질을 직접 경험하도록 하는 활동을 설계하는 것이다. 예를 들어, 전자기 유도 현상을 다룰 때, 교사는 이렇게 제안할 수 있다.

"각자 다른 조건에서 실험한 결과를 모아서, 패러데이

법칙을 우리만의 방식으로 재발견해 볼까요?"

한 학생은 자석의 세기를 바꾸고, 다른 학생은 코일의 회전수를 조절하며, 또 다른 학생은 운동 속도를 변화시킨다. 교사는 학생들이 실험 결과를 공유하고 토론을 통해 관계를 추론하고 조율하면서, 유도 기전력과 각 변인 사이의 연결 고리를 스스로 탐색해 나가도록 촉진한다. 이러한 과정을 거치며 학생들은 과학 지식이 개인의 결과물이 아닌 집단적 구성의 산물임을 체감하게 된다. 동시에, 객관성과 정당성이라는 과학의 핵심 요소를 자연스럽게 익히게 된다.

하지만 교사의 역할은 여기서 그치지 않는다. 협력적 사고가 각 분야의 전문가들이 독립적으로 연구한 결과를 모아 조율하는 방식이라면, 현대 사회의 복잡한 문제들은 한 걸음 더 나아간 융합적 사고를 요구한다. 기후 변화, 환경 오염, 에너지 문제, 전염병…이런 문제들은 분야 간 경계를 허물고 통합적으로 접근해야만 문제를 해결할 수 있다.

과학 교사는 이런 질문으로 학생들의 사고를 확장할 수 있다. "미세 먼지 문제를 해결하기 위해서는 어떤 과학적 접근이 필요할까? 화학적 조성 분석만으로는 발생 원인을 알 수 없고, 물리적 확산 과정만으로는 건강 영향을 예측할 수 없으며, 생물학적 건강 영향만으로는 예방책을 세울 수 없는데…." 이때 교사는 실제 융합적 사고를 통해 개발된 스마트 미세먼지 관리 시스템을 예시로 제시할 수 있다. IoT(사물인터넷) 센서와 AI 영상 분석, 빅데이터 분석, 자동 제어 기술이 결합해 스마트폰 카메라만으로도 실시간 미세 먼지 농도를 측정하고 환기 시설을 자동 조절하는 전혀 새로운 해결 방식을 보여 주면서, 학생들이 각 분야 지식의 단순한 나열이 아닌, 서로 융합되어 기존에 없던 새로운 해결 방안을 탄생시키는 경험을 하도록 이끄는 것이다.

이와 더불어 AI 시대 교사는 과학 기술의 사회적 맥락과 윤리적 함의를 다루어야 한다. "핵융합 발전이 상용화되면 에너지 불평등 문제를 해결할 수 있을까요? 아니면 새로운 형태의 기술 격차를 만들어 낼까요?" 기술이 발전할수록 이런 성찰적 질문이 더욱 중요해진다.

핵융합 기술 자체는 물리학적으로 매우 효율적이고 환경친화적이지만, 개발과 운영에 필요한 막대한 비용과 기술적 복잡성 때문에 선진국과 개발 도상국 사이의 에너지 격차가 오히려 벌어질 수도 있다. 과학 교사는 이런 다면적 사고를 통해 학생들이 미래 과학 기술 시민으로서 필요한 비판적 사고 능력과 사회적 책임감을 동시에 기를 수 있도록 안내해야 한다.

AI 활용 역량과 미래 지향적 학습 지원

학생에게 지식을 전달하기보다는 사고를 촉진하고, 고정 관념을 흔들어 학생 개인의 인지적 성장을 지원하고 이를 사회적 차원으로 확대하고 융합적 사고를 통해 실제 문제 해결로 이끌기 위해서 더 해야 할 일은 없을까. 교사의 역할에는 학생들이 AI를 올바른 학습 도구로 활용할 수 있도록 안내하는 내용이 포함되어야 할 것이다.

중요한 건 단순히 AI 사용법을 알려 주는 게 아니라, 학습 목적에 맞는 질문을 구성하는 방법을 가르치는 것이다. 예를 들어 학생이 "지구 온난화가 뭐예요?"라고 AI에게 묻는다면, 이는 표면적인 정보만 얻을 가능성이 높다.

대신 다음과 같은 단계적 접근을 통해 질문을 발전시킬 수 있다. 먼저 핵심 개념을 명확히 하여 지구가 받는 태양 에너지와 방출하는 에너지의 균형 관점에서 접근하고, 구체적인 원리를 요구하여 이산화탄소와 같은 온실가스 농도 증가가 어떻게 기후 변화를 일으키는지 탐구하며, 관련된 현상과의 관계를 살펴보아 바다의 흐름 변화에 미치는 영향을 분석하고, 마지막으로 비교를 통해 과거 빙하기와 따뜻한 시기의 변화와 대조하여 이해를 깊게 만드는 것이다.

이런 구조화된 질문 기법을 익히면 학생들은 단순한 정보 수집을 넘어 주제에 대한 다층적 이해와 비판적 사고 능력을 기르게 된다. 좋은 질문은 좋은 답을 끌어내고, 결국 학습자의 사고 체계를 확장하는 핵심 도구가 된다. 따라서 교사는 학생들에게 '무엇을 물어야 하는가'보다 '어떻게 물어야 하는가'에 대한 구체적인 전략을 제시해야 한다.

이와 더불어 중요한 건 AI의 답변을 비판적으로 검토하고 추가 질문을 생성하는 능력이다. AI가 제공한 정보가 정확한지, 다른 관점은 없는지, 어떤 부분을 더 깊이 탐구해야 하는지 판단할 수 있어야 한다. 이는 앞서 다룬 메타 인지 능력, 협력적 사고, 융합적 관점이 모두 필요한 고차원적 역량이다.

결국 AI 시대의 과학 교육은 기존의 모든 교육 목표를 통합하여 새로운 차원으로 끌어올리는 과정이 되어야 한다.

참고문헌

김성기(2024). "AI 활용 교육에 대한 화학 교사의 인식 분석: 1급

정교사 자격 연수 참여자를 중심으로". 《한국과학교육학회지》, 44(5), 511~518쪽.
서민효 외(2025). "과학교과와 수학교과 예비교원들의 AI·디지털 도구에 대한 인식과 활용 역량에 관한 연구". 《한국과학교육학회지》, 45(3), 223~240쪽.
송혜빈(2023). "인간-AI 협력 역량 향상을 위한 활동중심수업 설계원리 개발". 서울대학교 석사학위논문.
이상은(2021). "인공지능 시대, 가르치는 일의 의미 재탐색: 레비나스 철학을 바탕으로". 《교육철학연구》, 43(1), 97~120쪽.
하희수·김희백(2019). "학생 중심의 과학 학습 공동체 이해를 위한 행위주체성에 대한 이론적 고찰". 《한국과학교육학회지》, 39(1), 101~113쪽.
Fullan, M. & Langworthy, M.(2014). *A Rich Seam: How New Pedagogies Find Deep Learning*. Pearson.
Holmes, W. et al.(2019). *Artificial Intelligence in Education: Promises and Implications for Teaching and Learning*. Center for Curriculum Redesign.
OECD(2021). Teachers and Leaders in Vocational Education and Training. https://www.oecd.org/en/publications/teachers-and-leaders-in-vocational-education-and-training_59d4fbb1-en.html

05

AI 파트너십 시대의 교사 전문성

AI 시대의 교사는 단순히 기술 도구를 사용하는 것을 넘어서, 학생들이 AI와 함께 더 깊이 사고하고 창의적으로 문제를 해결할 수 있도록 안내하는 새로운 차원의 전문성을 요구받고 있다. 이는 AI와 경쟁하는 것이 아니라 AI를 교육적 파트너로 활용하는 전문가로의 전환을 의미한다. AI 시대 교사의 역할 재정의를 실천하기 위해서는 네 가지 핵심 영역에서의 전문성 개발이 필수적이다.

AI 콘텐츠 크리에이터?

AI 협력 기반 탐구 설계 전문성

AI 시대의 교사는 학생들이 AI와 함께 주도적으로 탐구할 수 있는 학습 환경을 설계하는 전문가가 되어야 한다. 전통적인 실험 매뉴얼을 따르는 방식에서 벗어나, 학생들이 AI와 함께 탐구 문제를 발견하고 해결 방법을 설계하는 프로젝트를 구성하는 것이 핵심이다. 예를 들어 "기후 변화가 우리 지역에 미치는 영향"이라는 주제에서 학생들이 AI에게 지역 기후 데이터를 요청하고 분석하도록 안내하는 것부터 시작한다. 이후 AI가 제공한 데이터에서 패턴을 발견하고 새로운 질문을 생성하도록 촉진하며, AI의 예측 모델을 비판적으로 검토하고 한계점을 찾아보게 한다. 마지막으로 AI가 제시하지 못한 지역적 특수성을 학생들이 직접 조사하고 보완하도록 돕는다.

이 과정에서 교사는 학생들이 AI와 효과적으로 소통할 수 있도록 질문 구성 능력을 길러 주는 AI 프롬프트 엔지니어링 교육을 해야 한다. 단순히 "광합성이 뭐야?" 라고 묻는 것이 아니라, "식물이 광합성을 통해 포도당을 만드는 과정을 화학 반응식으로 설명하고, 이 과정에서 에너지 변환이 어떻게 일어나는지 분석해 줘. 그리고 이 과정이 지구 탄소 순환에 미치는 영향을 구체적 수치와 함께 설명해 줘"와 같이 맥락을 제공하고 구체적 요구 사항을 명시하며 비판적 분석을 요구하는 정교한 질문을 만들 수 있도록 단계별로 가르쳐야 한다.

개인화 학습 진단과 맞춤형 지원 전문성

AI가 수집한 학습 데이터를 교육적으로 해석하고 개별 학생의 학습 경로를 설계하는 전문성이 필요하다. 학생들이 AI에 과도하게 의존하거나 반대로 AI를 전혀 활용하지 못하는 상황을 진단하고 적절한 개입을 하는 능력이 중요하다.

AI 답변을 그대로 복사하여 제출하거나 AI 없이는 문제 해결을 시도조차 하지 않는 과도한 의존 상황에서는 "AI의 답변에서 어떤 부분이 가장 중요하다고 생각하나요?", "AI가 제시하지 않은 다른 관점은 무엇일까요?", "이 답변이 맞는지 어떻게 확인할 수 있을까요?"와 같은 질문을 통해 비판적 사고를 촉진해야 한다.

반대로 여전히 교과서와 인터넷 검색에만 의존하는 AI 활용 부족 상황에서는 일상적인 예시를 활용한 단계적 접근이 효과적이다. 예를 들어 '산과 염기'를 학습할 때 학생이 여전히 교과서의 정의만 암기하고 있다면, 먼저 "식초나 오렌지 주스가 왜 신맛이 나는지 AI에게 물어

보고, 이것이 산성인지 염기성인지 그 이유를 설명해 달라고 요청해 보세요"와 같은 친숙한 소재부터 시작한다. 학생이 AI로부터 명확한 답변을 받으면 성공 경험을 하게 되고, 이어서 "교과서에서 산의 정의를 찾아보고 AI가 설명한 내용과 비교해 보세요. 어떤 부분이 더 이해하기 쉬운가요?"라는 비교 분석 활동을 통해 AI의 장점을 체험하게 한다.

또한 복잡한 개념에서는 생활 속 예시를 활용할 수 있다. 예를 들어 화학 반응에서 원소들이 결합하는 비율을 이해하기 어려워하는 학생에게는 "요리 레시피에서 밀가루 2컵과 달걀 3개로 빵 1개를 만드는 것처럼, 수소 2개와 산소 1개가 결합해서 물 1개를 만드는 과정을 AI에게 단계별로 설명해 달라고 요청해 보세요"라고 안내한 후, AI가 제시한 단계적 해결 과정을 교과서의 예시와 비교 분석하게 하여 AI 활용의 효과를 직접 경험하도록 돕는다.

AI 학습 분석 도구가 특정 개념에서 학생의 어려움을 진단했을 때, 교사는 구체적으로 어떤 부분에서 어려움을 겪는지 세밀하게 파악하고 학생의 학습 스타일과 선호도를 고려한 맞춤형 학습 자료를 제공해야 한다. 예를 들어 AI가 이 학생은 '농도' 개념을 이해하는 데 어려움을 겪고 있다고 진단했다면, 교사는 학생이 농도 개념 자체를 이해하지 못하는 것인지, 농도 계산 과정에서 수학적 어려움을 겪는 것인지, 아니면 물에 설탕이 녹는 것 같은 기본 현상을 시각화하지 못하는 것인지 세밀하게 진단해야 한다.

농도 개념 자체가 어려운 학생에게는 '커피에 설탕을 넣을 때 진한 커피와 연한 커피의 차이를 일상생활과 관련된 예시로 설명해 달라'고 AI에게 요청하도록 안내하고, 계산이 어려운 학생에게는 '소금물 100mL에 소금 5g이 들어 있을 때 농도를 구하는 과정을 단계별로 보여 달라'고 하여 반복 학습하게 한다. 시각화에 어려움을 겪는 학생에게는 AI가 농도를 나타내는 그림이나 도표를 자동 생성하여 제공하도록 돕는다.

또 다른 예로 '물질의 결합' 개념에서 어려움을 겪는 학생의 경우, 서로 다른 물질들이 어떻게 결합하는지 구분하지 못하는 것인지, 결합 구조를 그리지 못하는 것인지, 아니면 전자의 움직임과 결합의 관계를 이해하지 못하는 것인지 구체적으로 진단하여 각각에 맞는 AI 활용 전략을 제시한다. 빠른 학습자에게는 AI를 활용한 심화 탐구 프로젝트를 제안하고 다른 학생들의 멘토 역할을 부여하며, 느린 학습자에게는 AI 개인 튜터를 활용한 기본 개념 반복 학습과 시각적, 청각적 자료를 AI가 자동 생성하여 제공하는 방식으로 학습 진도에 대한 부담을 줄이면서 흥미를 유지하도록 돕는다.

비판적 AI 활용과 인간 고유 역량 개발

교사는 기존의 지식 전달자 역할에서 벗어나 학생들이 AI의 한계를 명확히 인식하고 비판적으로 활용할 수 있도록 안내해야 한다. AI가 잘못된 정보를 제시한 경우를 수업에 활용해 학생들이 오류를 찾아보게 하거나, AI가 최신 연구 결과를 반영하지 못한 사례를 분석하거나, AI가 편향된 데이터로 인해 잘못된 결론을 내린 경우를 탐구하는 활동을 체계적으로 설계한다. 단순히 정답을 제시하는 대신, 학생들이 스스로 AI 답변의 신뢰성을 검증하는 방법을 터득하도록 여러 AI 도구의 답변을 비교하고, AI 답변을 최신 자료나 공식 출처와 대조하며, 실험이나 관찰을 통해 AI 예측을 검증하는 과정을 반복적으로 경험하게 한다.

교사는 AI가 잘하지 못하는 영역에서 인간의 고유 역량을 개발하는 방법에도 신경을 써야 할 것이다. 사람과 AI는 경쟁하는 것이 아니라, 각각 잘하는 영역을 구분하고 상호 보완적으로 활용하는 능력을 길러야 한다는 접근이 필요하다. 먼저 윤리적 판단 능력을 기르기 위해 교사는 윤리적 딜레마 상황을 중심으로 한 과학 토론 수업을 설계할 수 있다. 예를 들어, "유전자 편집 기술을 이용해 태아의 유전병을 미리 고쳐야 할까? 키나 외모를 개선하기 위한 경우는 어떻게 해야 할까?", "환경 문제 해결을 위한 AI 제안이 일부 지역 주민에게 피해를 준다면 어떻게 해야 할까?"와 같은 복합적 상황을 제시하고, 교사는 정답을 제시하는 대신 학생들이 다양한 관점에서 토론하고 스스로 판단 기준을 세우도록 촉진자 역할을 수행하는 것이다.

다음으로 상황적 맥락 이해 능력 개발을 위해 교사는 교수법을 바꾸어야 한다. AI는 방대한 데이터를 기반으로 일반적이고 평균적인 답변을 제공하지만, 실제 문제해결에는 구체적인 상황과 조건을 고려한 판단이 필요하다. AI가 제공하는 일반적 정보를 그대로 받아들이게 하던 방식에서, 학생들이 주어진 정보의 적용 조건과 한계를 파악하고, 지역적 · 문화적 · 사회적 맥락을 고려하여 정보를 재해석하는 능력을 기르는 방식으로 전환해야 한다.

예를 들어, AI가 제시하는 '효과적인 학습법'이라는 일반론이 개별 학생의 학습 스타일, 가정 환경, 문화적 배경에 따라 무엇이 다르게 적용되어야 하는지를 비판적으로 분석하는 과정이 필요하다. "AI가 제시한 환경 보호 방법이 우리 지역에 적합한지 어떻게 판단할 수 있을까?", "선진국에서 성공한 과학 기술 정책이 우리나라에서도 효과적일까?"와 같은 질문을 통해 학생들이 AI 정보를 자신의 상황에 맞게 해석하고 적용하는 사고 과정을 체험하게 해야 한다. 이는 단순히 정보를 수용하는 것을 넘어서, 정보의 신뢰성과 적용 가능성을 스스로 판단하는 비판적 사고 능력을 기르는 것이다.

창의적 연결과 통합적 사고 역량 개발을 위한 접근도 중요하다. 교사는 기존의 교과서 중심, 분과별 학습에서 벗어나 학제 간 융합과 창의적 연결을 강조하는 수업으로 전환해야 한다. AI가 분석한 데이터를 단순히 받아들이는 것이 아니라, 그 데이터를 바탕으로 새로운 연구 주제를 제안하거나 과학 원리를 예술이나 문학과 연결하여 새로운 표현 방법을 창조하는 활동을 체계적으로 설계해야 한다. 교사는 지식의 공급자에서 창의적 사고의 촉진자로 역할을 전환해야 한다.

마지막으로 감정과 공감 기반의 판단 능력 개발이다. 교사는 객관적 데이터와 논리만을 중시하던 기존 과학 교육에서 벗어나, 인간적 공감과 윤리적 직관을 포함한 통합적 사고를 강조하는 방향으로 전환해야 한다. "이 연구가 사람들의 삶에 어떤 영향을 미칠까?", "과학 기술 발전이 소외당하는 사람들은 없을까?"와 같은 질문을 통해 학생들이 과학을 인간적 관점에서 바라보는 능력을 기르도록 해야 한다.

이러한 역할 전환은 획일적으로 적용하는 것이 아니라, 교사는 개별 학생의 특성에 맞춰 차별화된 접근을 취해야 한다. 논리적 사고가 강한 학생에게는 감정적 공감 능력을, 창의적 사고가 뛰어난 학생에게는 윤리적 판단 능력을 보완하여 균형 잡힌 역량을 기를 수 있도록 맞춤형 협력 기반 탐구 활동을 설계해야 한다. 궁극적으로 AI의 연산 능력과 인간의 직관적 사고를 결합하여 새로운 해결책을 만들어 내는 협력적 창의성을 기르는 것을 목표로 하는 교수법 전환이 핵심이다.

미래 지향적 교사 공동체 구축 전문성

교사의 전문성은 단순히 지식을 전달하는 것을 넘어 새로운 역량을 요구한다. 시대적 변화에 발맞춰, 동료 교사들의 경험과 지혜를 AI가 분석하고 패턴을 찾아내어 더 효과적인 교육 방법을 개발하는 시스템을 구축할 전문성이 필요하다. 각 교사의 AI 활용 수업 사례를 AI가 분석하여 성공 패턴을 도출하고, 유사한 상황에서 가장 효과적인 전략을 AI가 추천하며, 실패 사례도 체계적으로 분석하여 주의점을 공유하는 AI 활용 사례 데이터베이스를 구축한다. 수업 중 어려운 상황이 발생했을 때 AI와 동료 교사들로부터 즉시 도움을 받을 수 있는 실시간 교육 컨설팅 시스템을 통해 교사들의 집단 지성과 AI를 결합한 지원 체계를 만든다. 이처럼 AI는 교사의 전문성을 보완하고 확장하는 강력한 도구로서 교육 혁신을 이끌어 갈 것이다.

교사가 AI를 활용한 교육의 효과를 객관적으로 측정하고 지속적으로 개선할 수 있는 시스템도 중요하다. 학생들의 창의적 사고 능력 변화를 추적하고, 비판적 사고 능력 발전 정도를 측정하며, AI 활용 능력 향상 과정을 모니터링하고, 학습 동기와 참여도 변화를 분석하는 체계적인 평가 시스템을 구축해야 한다. AI 기술이 빠르게 발전하는 상황에서 교사도 지속적으로 학습하고 적응할 수 있도록 매달 새로운 AI 교육 도구를 시험해 보고 평가하며, 학생들과 함께 최신 AI 기술의 교육적 활용 방법을 탐구하고, 다른 교과 영역의 AI 활용 사례를 과학 교육에 적용하는 미래 교육 트렌드 대응 능력을 길러야 할 것이다.

이렇게 AI 시대의 교사는 기술을 교육적으로 활용하는 전문가, 학생들의 AI 활용 능력을 기르는 코치, 그리고 AI와 인간이 협력하는 미래 사회를 준비하는 교육 리더의 역할을 통합적으로 수행해야 한다. 이는 단순히 좋은 교사를 넘어서, AI 파트너십 시대에 특화된 새로운 차원의 교사 전문성이라고 할 수 있다.

참고문헌

김지일(2024). "프롬프트 기반 학습 모형 개발 연구". 《교육정보미디어연구》, 30(1), 55~79쪽.

성은모 외(2023). "인공지능(AI)의 교육적 실천을 위한 가능성과 과제". 《교육공학연구》, 39(4), 1479~1508쪽.

이동국·이은상(2022). "인공지능(AI) 활용 교육을 위한 교사 역량에 관한 교육요구도 분석". 《교육정보미디어연구》, 28(3), 821~842쪽.

임유진 외(2024). "교사의 AI·디지털 활용 현황 및 요구에 기반한 지원 방향 탐색". 《교육정보미디어연구》, 30(2), 303~323쪽.

최숙영(2021). "교육에서의 인공지능: 인공지능 활용 교육에 관한 문헌 고찰". 《교육정보미디어연구》, 24(3), 11~21쪽.

홍선주 외(2021). "학교교육에서의 AI 활용 탐색". 《교육정보미디어연구》, 27(3), 875~898쪽.

Baker, R. S. & Hawn, A.(2022). Algorithmic Bias in Education. *International Journal of Artificial Intelligence in Education, 32*(4), pp.1052~1092.

Kizilcec, R. F.(2023). To Advance AI Use in Education, Focus on Understanding Educators. *International Journal of Artificial*

Intelligence in Education, 34(1), pp.12~19.

Leahy, D. et al.(2018). Beyond Web 3.0: International Collaboration Exploring Learning Ecologies and Teacher Professional Development for the Diamond Age. *12th International Technology, Education and Development Conference.*

Wang, R. E. et al. (2025). Tutor CoPilot: A Human-AI Approach for Scaling Real-Time Expertise. arXiv:2410.03017. https://scholar.google.com/scholar?hl=ko&as_sdt=0%2C5&q=Wang%2C+R.+E.%2C+Ribeiro%2C+A.+T.%2C+Robinson%2C+C.+D.%2C+Loeb%2C+S.%2C+%26+Demszky%2C+D.+(2025).+Tutor+CoPilot%3A+A+Human-AI+Approach+for+Scaling+Real-Time+Expertise.+arXiv%3A2410.03017.&btnG=

06
AI가 바꾼 교실

생성형 AI의 등장은 단순히 새로운 기술 도구가 교실에 들어온 것 이상의 의미가 있다. 이는 교육의 패러다임 자체를 근본적으로 바꾸고 있는 혁명적 변화다. 학생들은 더 이상 교사가 전달하는 지식을 일방적으로 받아들이는 수동적 존재가 아니라, AI라는 개인 튜터와 함께 스스로 학습을 주도하는 능동적 탐구자가 되었다. 과학 교실에서 일어나는 이러한 변화는 지식 전달 중심의 수업을 탐구 중심의 학습으로 전환하고 있다.

AI와 민주주의?

학생 주도 학습자로서의 변화, AI와의 질문 기반 상호 작용

생성형 AI가 교실에 들어오면서 가장 두드러진 변화는 학생들의 역할이 완전히 바뀌었다는 점이다. 과거 학생들이 교사가 전달하는 지식을 일방적으로 받아들이는 수동적 존재였다면, 이제는 챗지피티(ChatGPT)나 클로드(Claude) 같은 AI와 언제든 대화할 수 있는 개인 튜터를 곁에 둔 능동적 학습자가 될 수 있다. 이들은 AI와 끊임없이 상호 작용하면서 자기 생각을 확장하고, 의문점을 즉시 해결하며, 학습의 방향을 스스로 조정해 나갈 수 있다.

특히 주목할 점은 학생들이 AI와 대화하는 방식이 점점 정교해질 수 있다는 것이다. 초기에는 "광합성이 뭐야?" 같은 단순한 질문을 던지던 학생들이, 시간이 지나면서 "만약 지구에 산소가 없다면 식물들은 어떤 방식으로 에너지를 만들어 낼까?"와 같은 가정적 사고를 포함한 복합적 질문을 던질 수 있다. 이런 변화는 학생들이 단순히 정보를 얻기 위해 AI를 활용하는 것을 넘어, 창의적 사고를 확장하는 도구로 챗지피티나 클로드를 인식할 수 있음을 보여 준다.

가장 효과적인 AI 활용법은 학생들이 스스로 질문을

만들도록 유도하는 것이다. 예를 들어 어떤 실험을 수행할 때, 교사는 학생들이 다음과 같이 질문을 만들도록 지원할 수 있다. 먼저 실험 전에 "여러분이 가장 궁금한 것 3가지를 적어 보세요"라고 한다. 실험 후에는 "예상과 다른 결과가 있다면 그것에 대해 질문을 만들어 보세요"라고 안내한다. 그리고 AI 답변을 받은 후에는 "이 답변을 듣고 추가로 알고 싶어진 것은 무엇인가요?"라고 묻는다. 이런 단계적 접근을 통해 학생들은 단순한 정보 요청에서 벗어나 탐구적 사고를 기를 수 있다. 지구 과학 시간에 지진파 실험을 마친 학생들이 실험 전, 중, 후에 이런 방식으로 질문을 만들면, "만약 지구 내부 구조가 완전히 다르다면 지진파는 어떻게 전달될까?"와 같은 질문을 통해 확장된 사고로 연결해 줄 수 있다. 이런 구체적인 질문들을 바탕으로 챗지피티와 나누는 대화는 훨씬 깊이 있고 의미 있는 학습으로 이어질 수 있다.

더 흥미로운 것은 학생들이 AI와의 대화 과정에서 자연스럽게 메타 인지 능력을 기를 수 있는 기회를 얻을 수 있다는 점이다. 한 중학생이 클로드에게 "세포 분열에 관해 설명해 줘"라고 질문하고, AI 답변을 듣고 "잠깐, 내가 궁금한 건 그게 아니야. 세포 분열이 왜 일어나는지가 궁금해"라고 다시 질문을 수정할 수 있다면, 이는 학생이 자신의 학습 과정을 스스로 모니터링하고 조정하는 메타 인지 능력을 기르고 있는 것이다. 교사는 이런 과정을 유도하기 위해 "AI 답변을 들어 보고 정말 궁금했던 게 해결됐는지 확인해 보자"라고 안내할 수 있다.

물리 시간에 자유 낙하 실험을 진행하고 이런 방식으로 수업을 운영하면 다음과 같은 교육적 효과를 기대할 수 있다. 실험을 마친 학생들이 결과 해석을 위해 챗지피티에 질문하면, AI는 "중력에 의해 모든 물체는 동일한 가속도로 낙하한다"라는 정확한 물리 법칙을 제시할 것이다. 이때 학생이 "잠깐, 우리 실험에서는 깃털과 쇠구슬의 낙하 속도가 달랐는데요?"라고 반문한다면 학생은 챗지피티의 답변을 비판 없이 수용하지 않고, 자신이 관찰한 실험 결과와 대조하며 의문을 제기하며 진정한 탐구적 사고를 하게 된다. 공기 저항이라는 변수를 고려하지 못한 이론과 현실 사이의 간극을 스스로 발견하는 과정에서 과학적 사고력과 비판적 분석 능력을 기를 수 있다.

이런 상황에서 교사의 역할은 더욱 중요해진다. 학생이 AI와 실험 결과 사이의 모순을 발견했을 때, 교사는 "훌륭한 관찰이다. 그럼 이 차이가 왜 생겼을까?"라고 물으며 학생의 사고를 한 단계 더 깊이 이끌어 간다. 결국 학생은 챗지피티의 도움을 받아 공기 저항의 개념을 이해하게 되고, 이론과 현실 사이의 간극을 메우는 새로운 변수를 발견하게 될 수 있다.

다양한 관점 비교와 비판적 사고

각 조마다 같은 주제로 AI와 대화한 후 그 결과를 비교해 보는 활동을 진행하면 매우 흥미로운 교육적 효과를 가져올 수 있다. 화학 시간에 '산화 환원 반응'에 대해 질문하는 상황을 예로 들어 보자. 1조는 챗지피티에게 배터리의 작동 원리를 질문해 설명을 듣고, 2조는 클로드에 철이 녹스는 현상을 물어 답변을 듣고, 3조는 제미나이에 질문해서 우리 몸의 호흡 과정을 알아보면 각각 다른 접근의 답변을 받을 수 있다. 학생들은 이런 차이점을 발견하고 토론하는 과정에서 하나의 과학 현상도 다양한 관점에서 접근할 수 있다는 사실을 자연스럽게 깨달을 수 있다. 여기서 교사의 역할은 학생들이 단순히 "답이 다르네"에서 그치지 않도록 안내하는 것이다. "왜 이런 차이가 생겼을까?", "어떤 설명이 더 적절한지 어떻게 판단할 수 있을까?"와 같은 깊이 있는 분석으로 이끌어야 한다.

이러한 과정에서 학생들은 과학의 본질적 특성을 이

해하게 될 수 있다. 즉, 과학은 절대적 진리를 추구하는 것이 아니라, 현상을 설명하는 다양한 모델과 관점들이 존재한다는 것을 깨달을 수 있다. 예를 들어, 원자 구조를 설명할 때 보어 모델과 양자역학적 오비탈 모델 궤도 모델 중 어느 것이 '더 정확한'지를 묻는 대신, 각 모델이 어떤 상황에서 더 유용한지를 탐구하게 될 수 있다.

흥미로운 것은 학생들이 AI의 답변을 비교하는 과정에서 자연스럽게 정보의 출처와 신뢰성을 평가하는 능력을 기를 수 있다는 점이다. 지구 과학 시간에 '지구 온난화'를 주제로 여러 AI와 대화하는 활동을 진행하면, 학생들은 각각 다른 데이터와 관점을 제시받을 수 있다. 이때 학생들은 "왜 AI마다 다른 데이터를 제시하지?", "어떤 정보가 더 최신인지 어떻게 알 수 있을까?"와 같은 질문을 던지며 정보 리터러시를 자연스럽게 기를 수 있다.

챗지피티나 클로드를 단순히 이용하는 것을 넘어 관리하고 평가하는 능력을 기르는 것도 중요하다. 학생들에게 같은 주제에 대한 AI의 여러 설명을 제시하고, 어느 것이 가장 정확한지, 어느 것이 가장 이해하기 쉬운지 평가하게 하는 활동을 해 보자. 물리학의 '빛의 성질'을 예로 들면, 어떤 AI 설명은 파동성과 입자성을 균형 있게 다뤘는지, 어떤 설명은 지나치게 단순화했는지를 학생들이 직접 판단하게 할 수 있다. 핵심은 정답을 찾는 것이 아니라 '왜 그렇게 생각하는지' 논리적 근거를 제시하도록 하는 것이다. 이 과정에서 학생들은 정보를 비판적으로 수용하는 능력을 자연스럽게 기를 수 있다.

특히 주목할 만한 것은 학생들이 AI의 한계를 스스로 발견하고 이를 보완하는 방법을 찾아가는 과정에서 얻을 수 있는 교육적 효과다. 생물 시간에 '진화론'을 주제로 챗지피티와 대화하는 활동을 진행하면, 학생들은 AI가 제시하는 설명이 때로는 지나치게 단순화되어 있거나, 최신 연구 결과를 반영하지 못한다는 것을 발견할 수 있다. 이때 교사는 "그럼 이 부분을 보완하려면 어떻게 해야 할까?"라고 묻고, 학생들은 추가적인 자료 검색, 전문가 의견 확인, 실험 설계 등의 방법을 제안하게 될 수 있다.

이러한 활동을 통해 학생들은 챗지피티나 클로드를 만능의 도구로 여기는 것이 아니라, 하나의 유용한 보조 도구로 인식하면서도 그 한계를 명확히 이해하게 될 수 있다. 더 나아가 AI의 답변을 검증하고 보완하는 과정에서 과학적 사고의 핵심인 '증거 기반 추론'과 '동료 평가'의 중요성을 체득할 수 있다.

개별화된 학습 경로와 수준별 맞춤 교육

챗지피티나 클로드 같은 AI의 또 다른 강점은 각 학생의 수준과 관심사에 맞춘 개별화된 설명을 제공할 수 있다는 것이다. 같은 '원소의 주기율표'를 배우더라도, 수학을 좋아하는 학생에게는 전자 배치의 수학적 규칙성을, 예술을 좋아하는 학생에게는 원소들의 색깔과 성질 간의 관계를 제시하며 각각 다르게 설명해 줄 수 있다.

이러한 개별 맞춤형 설명은 학습자의 인지적 선호도를 고려한다. 시각적 학습자에게는 도표와 그래프를 활용한 설명을, 청각적 학습자에게는 이야기나 비유를 통한 설명을, 체감적 학습자에게는 실험이나 체험 중심의 학습 방법을 제안할 수 있다. 또한 AI는 학생의 기존 지식 수준을 파악하여 너무 쉽거나 어렵지 않은 적절한 난이도의 설명을 제공할 수 있다.

이런 개별화는 학습 동기를 크게 높일 수 있다. 고등학생이 생물 시간에 '유전'을 배우면서 "내가 좋아하는 강아지 품종들의 특징도 유전과 관련이 있을까?"라고 챗지피티에게 질문할 수 있다면, AI는 개의 품종 개량 과정에서 나타나는 유전 현상을 자세히 설명할 것이다. 이를 통해 학생은 멘델의 법칙을 훨씬 생생하게 이해하게 될 수 있다. 추상적인 개념이 자신의 관심사와 연결되면서 학습이 훨씬 의미 있게 다가올 수 있다.

예를 들어, 게임을 좋아하는 학생이 물리학의 운동 법칙을 배울 때, AI는 게임 속 캐릭터의 점프 궤도나 총알의 발사 궤적을 물리학 원리로 설명할 수 있다. 이렇게 되면 학생은 "아, 내가 게임에서 경험한 것들이 모두 물리학 법칙에 따른 거였구나"라고 깨달으며 학습에 대한 흥미를 느끼게 된다. 이와 동시에 AI는 학생의 학습 진도와 이해도를 실시간으로 파악하여 맞춤형 학습 경로를 제시할 수 있다. 어떤 개념에서 어려움을 겪는지, 어떤 부분에서 특히 빠른 이해를 보이는지를 분석하여 다음 학습 단계를 조정한다. 만약 학생이 특정 수학 개념을 완전히 이해하지 못했다면, AI는 다양한 접근 방식을 시도하여 학생이 이해할 수 있는 방법을 찾아낸다. 또한 AI는 학생의 학습 패턴을 분석하여 최적의 학습 시간과 방법을 제안할 수 있다. 예를 들어, 어떤 학생은 아침에 수학 문제를 푸는 것이 효과적이고, 다른 학생은 저녁에 문학 작품을 읽는 것이 더 집중이 잘된다는 것을 파악하여 개별 학습 스케줄을 제안할 수 있다.

교사는 이런 개별화된 학습을 지원하기 위해 학생들의 AI 대화 내용을 모니터링하고, 적절한 시점에 개입하여 학습 방향을 안내할 수 있다. 예를 들어, 한 학생이 클로드와 나눈 대화에서 흥미로운 과학적 발견을 했다면, 이를 전체 수업에 공유하여 다른 학생들도 새로운 관점을 얻을 수 있도록 할 수 있다. 이 과정에서 교사는 더 이상 단순한 지식 전달자가 아니라, 학습 과정의 조력자이자 멘토 역할을 하게 된다. 학생들이 AI와의 대화를 통해 얻은 다양한 통찰을 종합하고, 이를 바탕으로 더 깊이 있는 토론을 끌어낼 수 있다. 이렇게 되면 교실은 개별 학습과 협력 학습이 조화롭게 어우러진 역동적인 학습 공동체가 될 수 있다.

나아가 학생들은 자신이 AI와 나눈 대화에서 얻은 새로운 지식이나 관점을 동료들과 공유하면서 서로 가르치고 배우는 경험을 하게 된다. 이는 학습의 주체성을 기르고, 협력적 학습 능력을 향상하는 데 큰 도움이 된다.

참고문헌

최숙영(2021). "교육에서의 인공지능: 인공지능 활용 교육에 관한 문헌 고찰". 《컴퓨터교육학회 논문지》, 24(3), 11~21쪽.

Baker, R. S. & Hawn, A.(2022). Algorithmic Bias in Education. *International Journal of Artificial Intelligence in Education, 32*(4), pp.1052~1092.

Dieterle, E. et al.(2024). The cyclical ethical effects of using artificial intelligence in education. *AI & Society, 39*, pp.633~643.

U.S. Department of Education & Office of Educational Technology.(2023). *Artificial Intelligence and the Future of Teaching and Learning.* U.S. Department of Education.

Holmes, W. & Porayska-Pomsta, K.(Eds.)(2022). *The Ethics of Artificial Intelligence in Education.* Routledge.

07
AI와 글쓰기 수업, 그리고 평가

AI 시대 교사들은 학생이 AI와 대화하며 글을 쓰는 모습을 보며 복잡한 감정을 느낀다. 하지만 막막해하던 학생이 자신감을 얻고 아이디어를 발전시키며 정보를 비판적으로 걸러내는 모습에서 새로운 가능성을 발견한다. 중요한 것은 AI 활용법이며, 수업과 평가, 포트폴리오가 연결되는 새로운 교육 패러다임이 시작되고 있다.

AI와 애니메이션?

AI 시대의 글쓰기 교육, 도구 활용과 비판적 사고

AI 기술의 급속한 발전으로 교육 현장에서도 큰 변화가 일어나고 있다. 특히 글쓰기 교육 분야에서는 AI가 학생들의 학습을 대신할 것이라는 우려와 함께, 이를 어떻게 교육에 활용할 것인가에 대한 고민이 깊어지고 있다.

먼저 AI를 활용한 글쓰기 교육의 장점은 학생에게 글쓰기의 진입 장벽을 낮춰 주는 역할을 한다는 점이다. 많은 교사가 "AI가 대신 써 주면 학생들의 글쓰기 실력이 떨어지지 않을까?"라고 우려한다. 하지만 빈 종이 앞에서 막막해하던 학생들이 AI와 대화하며 아이디어를 얻고, 그것을 자신의 언어로 재구성하는 과정에서 더욱 자신감 있게 글을 쓸 수 있게 된다. 학생들은 글쓰기에 대한 두려움을 줄이고 더 적극적으로 글쓰기에 참여할 수 있다. 이 과정에서 교사는 학생들에게 "틀려도 괜찮다", "초안이니까 완벽하지 않아도 된다"라는 메시지를 지속적으로 전달하며, 부담 없이 시도할 수 있는 분위기를 조성해야 한다.

한편, AI의 글을 비판적으로 검토하는 활동은 또 다른 교육적 가치를 제공한다. 교사는 AI가 제공한 정보를 어떻게 해석하고 활용할지 안내하고, 편향되지 않은 균형 잡힌 관점을 유지하도록 도움을 줘야 한다.

AI가 제공한 잘못된 정보를 학생들이 찾아내고 수정하는 활동은 이러한 변화에 대응하는 방법 중 하나다. '지구의 자전축이 수직이다'처럼 명백히 틀린 정보부터 시작해서, '조석 현상은 오직 달의 중력 때문이다'처럼 미묘한 오류까지 발견할 수 있도록 단계적으로 접근한다. 학생들은 오류를 발견하는 것만으로도 상당한 성취감을 느낀다. 더 나아가 학생들이 직접 오류를 수정하면서 개념을 더욱 확실하게 이해할 수 있다. 이때 교사는 메타 인지 코치로서 학생들이 자신의 학습 과정을 스스로 성찰하도록 지원하고, 정보를 비판적으로 평가하는 능력을 기르도록 돕는다. 이 과정의 진정한 가치는 학생들이 지식을 단순히 암기하는 것이 아니라, 지식이 형성되고 수정되는 과정 자체를 직접 경험하게 한다는 점이다. 이러한 경험을 통해 학생들은 정보의 신뢰성을 판단하는 능력을 기를 수 있다.

이어서 더 정확하고 풍부한 설명으로 다시 써 보는 과정에서 비판적 사고와 글쓰기 능력을 동시에 기를 수 있다. 교사 자신이 AI와 대화하며 글을 수정하는 과정을 학생들에게 공개하는 것도 좋은 방법이다. "선생님도 처음에는 달의 중력만이 조석 현상에 영향을 끼친다고 혼동해서 이렇게 썼는데, AI와 대화하면서 개념을 명확히 해서 이렇게 발전시켰어요"라고 보여 주면 학생들도 실패를 학습의 기회로 받아들이게 된다.

이는 평가의 패러다임 변화를 의미한다. 학생을 단순히 글을 생산하는 존재로 보는 것이 아니라, AI라는 강력한 도구를 효과적으로 활용하고 관리할 줄 아는 능력을 평가하는 것으로 초점이 이동한 것이다. 정보가 넘쳐나는 시대에 중요한 것은 정보를 생산하는 능력보다는 정보를 선별하고, 평가하며, 재구성하는 능력이다.

통합적 수업·평가·포트폴리오 시스템 구축

과거에는 수업 준비, 평가 설계, 포트폴리오 관리를 각각 따로 해야 하는 부담이 있었다. 하지만 AI 시대에는 이 모든 것을 하나의 연결된 시스템으로 운영할 수 있다. 수업 시간에 학생들이 AI와 나눈 대화, 작성한 글, 동료들과 주고받은 피드백이 모두 자동으로 포트폴리오가 되고, 이것이 곧 평가 자료가 된다.

이러한 변화는 수업 설계 단계에서부터 시작된다. 교사는 먼저 자신의 교과에서 핵심 역량이 무엇인지 명확히 정의해야 한다. 전통적인 수업에서는 '오늘 무엇을 가르칠까?'를 고민했다면, 이제는 '학생들이 어떤 질문을 갖게 할까?'를 먼저 생각한다. 예를 들어 화학 수업에서 '산과 염기' 단원을 시작할 때, 교사는 학생들에게 "집에 있는 물질 중에서 산성이나 염기성을 띠는 것들을 찾아보고, AI에게 그 이유를 물어보세요"라는 과제를 준다. 이 과정에서 학생들은 자연스럽게 일상 속 화학 현상에 대해 궁금해 하고, AI와의 대화를 통해 기초 개념을 스스로 구성해 나간다.

실제 수업 시간에는 이런 사전 탐구 결과를 바탕으로 토론과 실험이 이루어진다. 학생들이 AI와 나눈 대화 내용을 공유하고, "왜 레몬이 신맛이 날까?"부터 "비누가 미끄러운 이유는 뭘까?"까지, 다양한 질문들이 자연스럽게 연결된다. 교사는 이런 질문들을 실험으로 연결하고, 학생들의 가설과 AI의 설명을 비교하며 더 깊이 있는 탐구로 이끈다. 이 모든 과정이 실시간으로 기록되면서, 학생 개개인의 학습 여정이 구체적으로 남겨진다. 학생이 일상 속 산성 물질과 염기성 물질을 조사하며 AI와 나눈 대화부터 최종 보고서까지 모든 과정이 포트폴리오에 기록된다. 처음에는 단순히 "식초는 시고 비누는 미끈거려요"라고만 했던 학생이 AI와의 대화를 통해 pH의 개념을 이해하고, 지시약을 활용해 생활 속 물질의 산성도를 측정하며, 산-염기 반응의 원리까지 연결하여 설명하는 과정이 생생하게 담겨 있었다. 이런 기록을 바탕으로 학생부 작성은 물론 개별 상담까지 훨씬 구체적이고 개인화된 접근이 가능해진다. 한 고등학교 지구 과학 교사의 사례를 보면, 한 학생이 학교 주변 지질 조사를 하면서 AI와 나눈 대화부터 최종 보고서까지 모든 과정이 포트폴리오에 기록되었다. 처음에는 단순히 "이 바위는 오래된 것 같다"라고만 했던 학생이 AI와의 대화를 통해 암석의 종류를 구분하고, 형성 시기를 추정하며, 지역 지질사까지 연결하여 설명하는 과정이 생생하게 담겨 있었다. 이런 기록을 바탕으로 학생부 작성은 물론 개별 상담까지 훨씬 구체적이고 개인화된 접근이 가능해진다.

평가 방식도 근본적으로 바뀐다. 기존의 일회성 지필 평가 대신, 학습 과정 전반에 걸친 지속적 평가가 이루어진다. 학생이 AI와 나눈 대화의 질, 동료들과의 토론 참여도, 자기 성찰의 깊이 등이 모두 평가 요소가 된다. 예를 들어, 물리 수업에서 '운동량 보존' 개념을 학습할 때, 학생의 포트폴리오에는 ① AI와 나눈 기초 개념 질문과 답변, ② 실험 설계 과정에서의 고민과 수정 사항, ③ 실험 결과에 대한 동료들과의 토론 내용, ④ 일상생활 속 운동량 보존 사례 탐구, ⑤ 자신의 학습 과정에 대한 성찰 일지와 같은 내용들이 누적될 수 있다.

AI 시대의 피드백은 다층적 구조를 갖는다. AI는 즉각적인 정보 확인과 기초적인 피드백을 제공하고, 동료들은 다양한 관점과 경험을 나누며, 교사는 깊이 있는 성찰 질문과 개별 맞춤 조언을 제공한다. 학생 자신도 메타 인지적 성찰을 통해 자신의 학습 과정을 평가한다. 이때 핵심 원칙은 '비판이 아닌 도움'이다. 동료 평가에서도 "이 부분이 틀렸다"가 아니라 "이 부분에서 실험 조건을 더 구체적으로 설명해 주면 다른 사람이 재현하기 쉬울 것 같다"라는 식으로 건설적인 피드백 문화를 만들어야 한다.

포트폴리오는 단순한 결과물 모음이 아니라 학습 과정의 생생한 기록이 된다. 학생들은 자신의 포트폴리오를 정기적으로 검토하며 '내가 어떻게 성장했는지', '어떤 부분에서 어려움을 겪었는지', '다음에는 어떻게 접근할 것인지'를 스스로 분석한다. 교사는 이런 자기 성찰을 바탕으로 개별 학생에게 맞춤형 학습 전략을 제안하고, 학부모와의 상담에서도 구체적인 근거 자료를 제시할 수 있다. 이렇게 수업-평가-포트폴리오가 유기적으로 연결된 시스템에서 학생들은 자신의 학습을 주도하고, 교사는 더 효과적인 지원을 제공할 수 있게 된다.

이런 변화를 실제로 시작하기 위해서는 몇 가지 실천

적 준비가 필요하다. 학생들의 자기 평가와 동료 평가를 위한 간단한 양식을 만들고, 포트폴리오 구성 계획을 세워야 한다. 디지털 도구는 복잡할 필요 없다. 구글 클래스룸이나 패들렛 같은 익숙한 도구부터 시작하면 된다. 완벽하게 준비될 때까지 기다리지 말고, 오늘부터 작은 것 하나씩 시도해 보자. 학생들의 반응이 가장 정확한 나침반이 될 것이다.

AI 시대의 글쓰기 교육은 기술을 두려워하거나 배제하는 것이 아니라, 이를 교육의 도구로 활용하면서도 인간 고유의 비판적 사고력과 창의성을 기르는 방향으로 나아가야 할 것이다. 수업과 평가와 포트폴리오를 통합하고, AI 기술을 협력적으로 활용하는 것은 학생들이 자기 주도적 학습자로 성장하는 의미 있는 경험을 제공한다.

참고문헌

김현진 외(2020).“학교교육에서 AI 활용에 대한 교사의 인식”. 《교육공학(특별호)》, 905~930쪽.

Baker, R. S. & Hawn, A.(2022). Algorithmic Bias in Education. *International Journal of Artificial Intelligence in Education, 32*(4), pp.1052~1092.

Bates, T.(2015). *Teaching in a Digital Age: Guidelines for*

Designing Teaching and Learning. Tony Bates Associates.
Kasneci, E. et al.(2023). ChatGPT for Good? On Opportunities and Challenges of Large Language Models for Education. *Learning and Individual Differences, 103.*

08
AI 교육 활용의 한계와 위험

교육 현장에서 AI 도입이 가속화되면서 기술적 진보가 가져다줄 효율성과 혁신에 주목하고 있다. 하지만 이러한 기대 이면에는 교육의 근본적 가치를 훼손할 수 있는 심각한 한계와 위험들이 도사리고 있다. AI가 교육에 미치는 영향은 학습자의 인지적 발달, 사회적 불평등, 개인의 권리와 존엄성에까지 광범위하게 미친다. AI 교육 활용의 구조적 한계를 체계적으로 분석하고자 한다.

AI와 인재 채용?

AI 교육 활용의 위험은 그 발생 원인과 영향 범위에 따라 세 가지 층위로 구분할 수 있다. 첫째, AI 기술 자체의 내재적 한계에서 비롯되는 '기술적 위험', 둘째, 학습자 개인의 인지적 · 학습적 역량에 미치는 '개인적 위험', 셋째, 교육 공동체와 사회 전체에 파급되는 '사회적 위험'이다.

AI 시스템의 오류, 불투명성과 신뢰성 문제: 기술적 위험

AI 시스템의 오작동이나 해킹 등으로 인한 예측 불가능한 위험은 교육 현장에 치명적인 결과를 초래할 수 있다. 교육용 AI 시스템이 해킹당하거나 악의적으로 조작될 경우, 학생들에게 잘못된 정보를 제공하거나 편향된 학습 경로를 강요할 수 있다. 시스템 오류로 인해 학생의 평가 결과가 왜곡되거나 개인 정보가 침해될 위험도 존재한다.

AI 활용에서 가장 심각하면서도 눈에 보이지 않는 위험은 기술적 보안 문제로 인한 개인 정보 침해와 관련된 문제다. AI 시스템은 학습자의 모든 행동을 실시간으로 추적하고 분석한다. 어떤 문제에서 얼마나 오래 머뭇거렸는지, 어떤 실수를 반복하는지, 언제 집중력이 떨어지는지, 심지어 감정 상태의 변화까지 세밀하게 기록할 수 있다. 이러한 데이터는 학생 개인의 내밀한 학습 과정과 인지적 특성을 적나라하게 드러내는 민감한 정보다. 특히 미성년자인 학생들은 이러한 데이터 수집의 의미와 잠재적 위험성을 충분히 이해하지 못한 채 개인 정보 수집에 동의하게 된다. 수집된 데이터가 향후 진학, 취업, 심지어 보험 가입 등에서 차별의 근거로 활용될 가능성이 있으며, 일단 디지털화된 기록은 영구적으로 저장되어 개인을 평생 따라다닐 수 있다. 개인 정보 침해는 단순히 프라이버시를 지키지 못했다는 것에 그치지 않고, 데이터를 지켜야 하는 시스템에 근본적인 결함이 있다는 신호이며, 심각한 기술적 위험의 시작이라고 할 수 있다.

AI 시스템의 복잡성으로 인해 이러한 문제들을 조기에 발견하고 해결하기 어려우며, 피해가 발생했을 때의 책임 소재도 불분명하다. 특히 교육 현장에서는 문제 발생 시 즉각적인 확산될 가능성이 높으며, 시스템 장애 시 교육 활동 자체가 마비될 수도 있다.

AI 기술 자체가 갖는 내재적 한계는 교육 현장에서 기술적 위험을 일으키기도 한다. 이러한 위험들은 AI 시스템의 구조적 특성에서 비롯되며, 기술적 해결책만으로는 근본적 개선이 어렵다.

AI 시스템이 교육에서 갖는 가장 치명적인 한계는 그 의사 결정 과정이 완전히 불투명하다는 점이다. 딥러닝 기반 AI는 수백만 개의 매개 변수를 통해 복잡한 계산을 수행하지만, 특정 결론에 도달한 근거를 설명할 수 없는 블랙박스 구조로 되어 있다. 교육 현장에서 AI가 한 학생을 '수학 능력 부족'으로 판단하거나 '문과 적성'으로 분류할 때, 그 판단 근거를 아무도 명확히 알 수 없다.

이러한 불투명성은 AI 활용 교육에서 인간의 개입과 검증이 더욱 중요해지는 이유이기도 하다. 교사가 AI의 제안이나 평가 결과를 비판적으로 검토하고, 학생 개개인의 상황과 맥락을 고려하여 최종적인 교육적 판단을 내려야 한다.

이는 단순한 기술적 한계를 넘어 교육적 책임성의 문제를 제기한다. AI 활용 교육에서는 교사가 AI 시스템의 제안을 최종적으로 검토하고 승인하는 역할을 담당함으로써 교육적 책임을 명확히 해야 한다. 교사가 AI의 평가나 제안을 그대로 받아들이지 않고, 자신의 교육적 전문성과 학생에 대한 이해를 바탕으로 최종 판단을 내린다면, 교육적 책임은 교사에게 있다고 볼 수 있다. (물론 AI 시스템 자체의 오류나 편향으로 인한 문제는 시스템을 도입하고 관리하는 교육 당국과 학교 관리자의 책임 영역이다.) 학생과 학부모는 AI 평가 자체보다는 교사의 최종 판단에 대해 이의를 제기하고 소통할 수 있어야 한다. 따라서 교사는 전통적인 교육 평가에서처럼 자신의 판단 근거를 설명할 수 있어야 하며, AI 파트너십 상황에서도 AI의 제안을 어떻게 해석하고 활용했는지에 대해 명확히 설명할 책임을 지게 된다.

AI가 제공하는 정보의 신뢰성 문제는 교육의 질 자체를 근본적으로 위협한다. AI는 방대한 데이터베이스에서 정보를 추출하지만, 그 정보가 최신인지, 정확한지, 균형 잡힌 관점을 반영하는지 보장할 수 없다. 특히 빠르게 변화하는 과학 기술 분야나 사회적 논란이 있는 주제에 대해서는 AI가 제공하는 정보가 편향되거나 부정확할 가능성이 높다.

AI의 편향성 문제는 단순한 기술적 오류가 아니라 사회의 구조적 불평등을 더욱 교묘하고 은밀하게 재생산하는 위험한 도구가 될 수 있다. AI는 과거 데이터를 학습하는 과정에서 역사적으로 축적된 성별, 인종, 계층, 지역 간 차별을 그대로 내재화한다. 과거 남학생이 이공계에 더 많이 진학했다는 데이터를 학습한 AI는 여학생에게 이공계 진로를 덜 추천하거나, 사회경제적 배경이 불리한 학생들에게 낮은 기대치를 부여할 수 있다.

이러한 편향은 개별 교사의 편견보다 훨씬 크고 넓은 범위에서 지속적인 영향을 미치며, '객관적' 데이터에 기반한다는 명분으로 정당성까지 획득하게 된다. 특히 우려스러운 것은 AI의 편향이 학습자 스스로에게 내재화될 수 있다는 점이다. 지속적으로 낮은 평가를 받은 학생은 자신의 능력에 대한 부정적 인식을 갖게 되고, 이는 학습 동기 저하와 성취도 하락으로 이어지는 악순환을 만들어 낼 수 있다.

AI 의존성에 따른 인지적 퇴화: 개인적 위험

AI 의존성으로 인한 위험은 학습자 개인의 인지적 · 학습적 역량에 직접적으로 영향을 미친다. 이는 개별 학습자의 성장과 발달을 저해하는 동시에, 장기적으로 사회 전체의 인적 자원 질 저하로 이어질 수 있는 위험이다.

AI 의존성이 초래하는 인지적 퇴화는 21세기 교육이 추구하는 핵심 역량들을 심각하게 훼손할 수 있다. 교사가 AI를 활용한 개인화된 학습을 제공하더라도, 학생들이 AI의 즉각적이고 편리한 답변에 의존하게 되면 스스로 문제를 해결하려는 노력을 포기하게 된다. 이는 학생 개인의 학습 태도와 습관의 문제이지만, 동시에 교육 시스템 전체의 문제이기도 하다. 교사는 AI를 단순한 답변

제공 도구가 아니라 사고 과정을 촉진하는 도구로 활용하도록 지도해야 하며, 학생들은 AI를 의존 대상이 아닌 학습 파트너로 인식하는 능력을 기를 책임이 있다. 복잡한 문제를 단계별로 분석하고, 다양한 접근법을 시도하며, 실패를 통해 학습하는 과정 자체가 생략되면서 깊이 있는 사고력과 문제 해결 능력이 발달하지 못한다.

특히 우려되는 것은 학습자가 AI의 결과를 비판 없이 수용하는 경우다. AI가 제공하는 완성된 답안에 의존하면서 학생들은 자신의 학습 과정을 성찰하고 조절하는 능력을 잃어 간다. 창의적 사고와 독창성도 위축되며, 학생들은 정답을 찾는 것에만 집중하고 과정에서 시행착오와 깨달음의 가치를 놓치게 된다. 더 나아가 AI 도구 없이는 기본적인 학습 활동도 수행하기 어려워하는 '디지털 의존성'이 형성되어 학습자의 자립적 사고 능력과 자기 주도 학습 역량을 근본적으로 약화한다.

인간적 관계성 훼손과 윤리적 문제: 사회적 위험

AI 교육 활용이 확산하면서 나타나는 사회적 위험은 교육 공동체의 관계성과 사회 전체의 윤리적 가치에 영향을 미친다. 이러한 위험들은 개인을 넘어서 사회 구조와

문화 전반의 변화를 일으키며, 교육의 본질적 목적과 가치를 근본적으로 위협한다.

AI 교육 활용에서 가장 우려되는 사회적 위험 중 하나는 학습의 극단적 개인화가 가져오는 공동체 의식의 약화다. AI는 각 학생에게 맞춤형 학습을 제공하면서 학습의 극단적 개인화를 촉진한다. 학생들이 AI와의 일대일 상호 작용에 익숙해지면서, 동료들과 함께 문제를 해결하거나 토론하는 협력 학습 능력이 퇴화할 수 있다. 이는 단순히 학습 방식의 변화를 넘어서 사회적 존재로서의 인간 발달에 영향을 미치는 문제다.

AI가 개별 학생의 필요에만 집중하다 보면, 학생들은 '함께 배우고 성장한다'라는 교육 공동체의 경험을 잃게 된다. 학급 전체가 하나의 주제로 토론하거나, 모둠으로 프로젝트를 수행하면서 느끼는 집단적 성취감이나 연대감을 경험할 기회가 줄어든다. 이러한 변화는 학생들의 사회성 발달과 공동체 의식 형성에 부정적인 영향을 미칠 수 있다.

또한 AI 활용이 확대될수록 학생과 교사 간의 인간적 관계성이 약화할 위험이 있다. 교사가 AI 도구를 활용하여 효율적인 교육을 제공하려 할 때, 기술적 편의에만 의존한다면 의도치 않게 AI 도구와의 상호 작용 시간이 늘

어나면서 교사와 학생 간의 직접적인 소통 기회가 감소할 수 있다. 교육에서 AI는 교사와 학생의 관계를 대체하는 것이 아니라, 오히려 더 의미 있는 상호 작용을 가능하게 하는 도구로 활용되어야 한다. 교육의 핵심은 단순한 지식 전달이 아니라 교사와 학생 간의 상호 작용을 통한 전인격적 성장이다. AI 파트너십에서도 학생들은 인간적 공감과 소통의 기회를 충분히 확보해야 하며, 특히 정서적 지원이나 인성 교육, 사회성 발달 등은 AI로 대체할 수 없는 인간 교사만의 고유 영역이 되어야 한다.

더 나아가 AI 중심의 교육 환경은 교육 가치관 자체를 변화시킬 위험을 내포하고 있다. AI는 효율성과 성과 중심의 논리로 작동하는데, 이것이 교육 전반에 스며들면 '느리게 배우는 것', '실패를 통한 학습', '비효율적이지만 의미 있는 과정'들이 배제될 위험이 있다. 이는 교육의 본질적 가치인 인간적 성장과 충돌하는 지점이다. 교육 과정에서 겪는 시행착오, 동료와의 갈등과 화해, 집단 내에서의 역할 분담과 협력 등의 경험들은 비효율적으로 보일 수 있지만, 인간으로서의 성장에 필수적인 요소들이다. AI 중심의 교육 환경에서는 이러한 인간적 경험들이 간과되거나 축소될 가능성이 높다.

참고문헌

방준성·이상민(2024). "인공지능 기반 학습자 맞춤형 교육을 위한 형평성과 편향성 연구". 《Multimedia-Assisted Language Learning》, 27(4), 70~86쪽.

신동조(2020). "초·중등교육에서 인공지능: 체계적 문헌고찰". 《수학교육학연구》, 30(3), 531~552쪽.

안솔뫼 외(2024). "초중등교육에서 생성형 AI의 교육적 활용에 대한 주제 범위 문헌고찰". 《컴퓨터교육학회 논문지》, 27(6), 11~24쪽.

이승훈(2023). "생성형 AI를 활용한 문제중심학습에 대한 학습자의 디지털 리터러시 인식과 경험". 《한국관광연구학회》, 129~145쪽.

이혜정(2024). "AI 시대 교사의 역할에 대한 예비교사들의 인식 탐색". 《교육연구》, 65(1), 283~304쪽.

Barredo Arrieta, A. et al.(2020). Explainable Artificial Intelligence (XAI): Concepts, Taxonomies, Opportunities and Challenges toward Responsible AI. *Information Fusion, 58*, pp.82~115.

Gerlich, M.(2025). AI Tools in Society: Impacts on Cognitive Offloading and the Future of Critical Thinking. *SSRN Electronic Journal*, pp.1~28.

09
영역별 AI 활용의 구체적 한계와 접근 원칙

AI 기술이 교육 분야에 확산하면서 개인별 학습, 지능형 평가, 효율적 교육 행정 등의 장밋빛 전망이 제시되고 있다. 하지만 AI의 교육적 활용은 여러 차원에서 한계와 위험성을 내포하고 있다. 학습자 개인의 인지적 발달부터 교수자의 전문성, 그리고 교육 행정의 공공성에 이르기까지 AI 도입이 가져올 수 있는 부작용을 자세히 검토하고, 영역별 특성을 고려한 신중한 활용 원칙을 모색해야 할 시점이다.

AI와 기자?

학습자 차원의 활용과 한계

개별 학습 지원에서 AI는 학습자의 수준에 맞춘 개인화된 학습 콘텐츠를 제공한다고 홍보되지만, 실제로는 앞서 언급한 블랙박스 문제로 인해 어떤 이유로 특정 내용을 추천하는지 알 수 없다. 특히 AI가 학습자의 약점을 '수학적 사고력 부족'으로 진단할 때, 그 판단이 일시적 컨디션 불량인지 근본적 능력 한계인지 구분할 수 없어 학습자에게 부적절한 학습 경로를 강요할 위험이 있다. 또한 AI의 즉답식 학습 지원에 익숙해진 학습자는 스스로 시행착오를 겪으며 깨달음을 얻는 과정을 경험하지 못해 진정한 학습을 하지 않을 수 있다.

학습 평가에서 AI는 학습자의 응답 패턴을 분석해 실시간 평가를 제공하지만, 이 과정에서 학습자의 모든 인지적 행동이 데이터로 수집된다. 문제 해결 시간, 오답 패턴, 주저하는 순간까지 기록되어 학습자 개인의 사고 과정이 완전히 노출된다. 더욱 심각한 것은 이러한 평가 데이터가 학습자의 인지적 능력을 고정된 것으로 간주하고 범주화할 위험성이다.

진로 상담에서 AI는 학습 성취도와 선호도를 분석해 진로를 추천하지만, 이는 과거 데이터에 기반한 통계적 예측에 불과하다. 특정 성별이나 사회 경제적 배경을 가진 학생들에게 전통적인 진로만을 추천하거나, 개인의 잠재력과 변화 가능성을 간과할 수 있다. 진로는 단순한 능력 매칭이 아니라 개인의 가치관, 꿈, 환경적 변화 등을 종합적으로 고려해야 하는 영역임에도 AI는 이러한 복합적 요소를 충분히 반영하지 못한다.

교수자 차원의 활용과 한계

수업 설계에서 AI는 학습 목표에 따른 교육 과정 구성과 교수법을 제안하지만, 교육 내용의 정확성과 적절성을 보장할 수 없다. 최신 학문 동향이나 교육 과정 변화를 반영하지 못하거나, 특정 지역이나 학교의 맥락적 특성을 고려하지 못한 획일적인 수업안을 제공할 위험이 있다. 또한 교사 개인의 교육 철학이나 창의적 교수법보다는 데이터에서 도출된 '평균적' 수업 모델을 선호하게 되어 교육의 다양성과 창의성을 제한할 수 있다.

학습 지도에서 AI는 학생 개별 데이터를 분석해 교사에게 지도 방안을 제시하지만, 이는 교사와 학생 간의 인간적 관계를 데이터 중심의 관리 관계로 변질시킬 위험이 있다. 교사가 AI의 분석에 과도하게 의존하면 학생을 직접 관찰하고 소통하여 파악하는 교육적 직관력이 퇴화할 수 있다. 특히 AI가 제시하는 '객관적' 데이터가 교사의 주관적 판단보다 우선시되면서, 학생의 미묘한 감정 변화나 숨겨진 잠재력을 놓칠 가능성이 높다.

평가 및 피드백에서 AI는 신속하고 일관된 평가를 제공한다고 하지만, 학습의 과정적 측면이나 창의성, 비판적 사고 등을 평가하기 어렵다. 표준화된 정답 중심의 평가에 치우쳐 학생의 독창적 사고나 다양한 접근법을 제대로 인정하지 못할 수 있다. 또한 AI가 생성하는 피드백은 개별 학생의 성격이나 학습 상황을 고려하지 못한 기계적 반응에 그칠 가능성이 크다.

교육 행정 차원의 AI 활용과 한계

학사 관리에서 AI는 학생 데이터를 분석해 학습 부진 학생을 조기 발견하거나 맞춤형 학습 계획을 수립한다고 하지만, 이 과정에서 학생을 데이터의 집합체로 취급할 위험이 있다. 성적, 출석률, 행동 패턴 등의 데이터로 학생을 분류하고 라벨링 하면서 개인의 복합적 상황이나 변화 가능성을 간과할 수 있다. 특히 'AI가 예측한 중도 탈락 위험군'과 같은 분류는 학생에게 낙인을 찍고 자기 실현적 예언으로 작용할 위험이 있다.

교육 정책 수립에서 AI는 교육 빅데이터를 분석해 정책적 시사점을 도출한다고 하지만, 데이터에 나타나지 않는 교육 현장의 질적 측면을 놓칠 수 있다. 수치화하기 어려운 교사의 헌신, 학교 문화, 지역 공동체의 지원 등은 AI 분석에서 제외되면서 정책 수립 과정에서 간과될 위험이 있다. 또한 과거 데이터에 기반한 정책 제안은 급변하는 교육 환경이나 새로운 교육적 요구를 반영하지 못할 수 있다.

자원 배분에서 AI는 효율성을 기준으로 예산이나 인력 배치를 제안하지만, 교육의 형평성이나 공공성을 충분히 고려하지 못할 수 있다. 성과가 좋은 학교나 지역에 더 많은 자원을 배분하도록 제안하면서 교육 불평등을 심화할 위험이 있다. 또한 단기적 효율성에 치중하여 장기적 교육 발전이나 교육의 본질적 가치를 간과한 자원 배분을 유도할 수 있다.

신중한 활용 원칙과 실행 방안

이러한 영역별 한계를 고려할 때, 각 교육 영역에서의 AI 활용은 다음과 같은 구체적 원칙으로 이루어져야 한다.

학습자 차원에서는 AI를 보조적 학습 도구로 제한하고, 학습자의 자기 주도적 사고를 방해하지 않도록 해야 한다. AI의 즉답보다는 사고 과정을 안내하는 방식으로 활용하며, 평가나 진로 상담에서 AI 결과를 절대적 기준으로 삼지 않고 참고 자료 정도로 활용해야 한다. 무엇보다 학습자에게 AI의 한계와 올바른 활용법에 대한 교육을 제공해야 한다.

교수자 차원에서는 AI가 교사의 전문적 판단을 대체하지 않도록 경계해야 한다. AI 제안 사항을 맹목적으로 수용하지 않고 교육적 맥락에서 비판적으로 검토하며, 학생과의 직접적 상호 작용과 관찰을 통한 교육적 직관을 유지해야 한다. AI 도구 사용 시에도 교사의 교육 철학과 창의성이 우선되어야 한다.

교육 행정 차원에서는 AI 분석 결과를 정책 결정의 유일한 근거로 삼지 않아야 하고, 교육 현장의 질적 데이터와 함께 균형 있게 고려해야 한다. 효율성과 함께 형평성과 공공성을 중시하며, AI 예측이나 분류가 개인에게 낙인이 되지 않도록 신중하게 활용해야 한다. 또한 AI 시스템의 투명성을 확보하고 교육 구성원들이 그 한계를 충분히 인식할 수 있도록 해야 한다.

이상의 영역별 분석을 바탕으로 AI 교육 활용의 종합적 원칙을 제시하면 다음과 같다.

먼저 AI 도입 전 충분한 교육적 타당성 검증이 선행되어야 한다. 특정 AI 기술이 어떤 교육 영역에 도입되든 그 필요성과 효과성, 안전성을 엄격하게 평가하고, 해당 영역의 특성을 고려한 대안적 방법과의 비교 검토를 통해 도입 여부를 결정해야 한다.

투명성과 설명 가능성을 확보하는 것도 필수적이다. 학습자, 교수자, 교육 행정가 모두가 AI 시스템의 작동 원리와 판단 근거를 이해할 수 있어야 하며, 각 영역에서 AI의 판단이나 제안에 대해 이의제기하고 재검토를 요구할 수 있는 절차를 마련해야 한다.

편향성 방지를 위해서는 각 교육 영역의 특성을 반영한 다양하고 균형 잡힌 데이터를 활용하고, 영역별로 발생할 수 있는 특정한 편향 패턴에 대한 지속적인 모니터링이 필요하다.

개인 정보 보호는 모든 영역에서 공통으로 적용되어야 할 원칙으로, 각 영역에서 수집되는 데이터의 민감성과 위험도를 고려한 차별화된 보호 조치가 필요하다. 특히 학습자 개인 데이터의 경우 더욱 엄격한 보호 기준을 적용해야 한다.

무엇보다 중요한 것은 AI가 결코 교육의 주체가 될 수 없으며, 학습자, 교수자, 교육 행정가 각각의 영역에서 인간의 판단력과 책임하에 매우 제한적이고 보조적인 역할에 머물러야 한다는 점이다. 교육 현장에서의 AI 활용은 기술적 가능성이 아니라 영역별 교육적 필요성과 윤리적 적절성을 기준으로 결정되어야 하며, 그 과정에서 학습자의 인권과 존엄성이 최우선으로 보장되어야 한다.

결국 AI 기술의 교육적 활용은 기술 중심적 사고에서 벗어나 인간 중심적 관점에서 접근해야 한다. 기술적 효율성과 편의성에 현혹되어 성급하게 AI를 도입하기보다는, 교육의 본질적 가치와 학습자의 전인적 발달을 최우선으로 고려하는 윤리적 성찰이 선행되어야 한다. 각 교육 영역의 고유한 특성과 목적을 존중하면서 AI의 역할을 신중하게 제한하는 이러한 접근을 통해서만 AI 기술이 교육 발전에 진정으로 기여할 수 있을 것이다.

참고문헌

김현진 외(2020). "학교교육에서 AI 활용에 대한 교사의 인식". 《교육공학》, 36(3), 905~930쪽.

이승훈(2023). "생성형 AI를 활용한 문제중심학습에 대한 학습자의 디지털 리터러시 인식과 성과 진단 연구 경험". 《관광연구저널》, 37(7), 129~145쪽.

이웅기(2021). "AI 기반 학습 지원도구 개발을 위한 모형 연구". 서울대학교 대학원 석사학위논문.

이종승·이재진(2024). "인공지능 맞춤형 교육을 위한 AI 디지털 교과서 선도학교의 기술 성숙도와 기술활용 사례연구". 《초등교육논총》, 40(3), 89~119쪽.

최민영·이태욱(2019). "인공지능 교육의 현황과 학교 및 교사의 역할 변화 예측”. 《한국컴퓨터교육학회》, 23(2), 85~88쪽.

Baker, R. S.(2016). Stupid Tutoring Systems, Intelligent Humans. *International Journal of Artificial Intelligence in Education, 26*(2), pp.600~614.

10
AI 시대의 과학 교육의 미래

갈릴레이가 처음 망원경을 하늘로 향했을 때, 그 작은 렌즈가 인간의 우주관을 바꿔 놓을 것이라고 예상했을까?
오늘날 우리는 비슷한 순간에 서 있다.
AI가 교육 현장에 등장하면서, 교사들은 혼란스러운 질문과 마주하고 있다. AI가 교사를 대체할 것인가? 아니면 교육을 풍성하게 만들 파트너가 될 것인가? 이 장에서는 AI와 교사의 역할을 구분하고, 교사만이 할 수 있는 고유한 가치를 살펴본다.

AI와 미래 의사?

망원경에서 AI까지: 도구는 인간을 대체하지 않는다

과학사를 통해 보면 인간의 능력을 확장하는 도구들이 지식 탐구의 패러다임을 바꾸어 왔다. 갈릴레이의 망원경이 우주에 대한 관점을 완전히 새롭게 했고, 다윈의 현미경이 생명의 미시 세계를 들여다보는 길을 활짝 열어젖혔으며, 현대의 입자 가속기가 물질의 근본을 탐구하게 했다. 이제 AI 라는 새로운 도구가 교육과 학습의 본질을 재정의하고 있다. 하지만 과거의 과학 도구들이 인간의 감각과 분석 능력을 확장했을 뿐 과학자를 대체하지 않았듯이, AI 역시 교육자를 대체하는 것이 아니라 교육의 새로운 가능성을 열어 주는 도구로 이해해야 한다. 오히려 AI의 등장은 교사로서의 인간 고유의 본질과 가치를 더욱 선명하게 부각하고 있으며, 이를 어떻게 주체적으로 활용할 것인가가 미래 교육의 핵심 과제가 될 것이다.

우리는 지금 교육사의 중대한 전환점에 서 있다. AI의 등장은 단순히 새로운 기술 도구의 추가가 아닌, 교육 패러다임 자체의 근본적 변화를 예고하고 있다. 흔히 AI와 교육을 논할 때 '대체'라는 단어가 먼저 떠오른다. AI가 교사를 대체할 것인가, 학습자의 사고 능력을 퇴화시킬 것인가 하는 우려가 그것이다. 그러나 이러한 이분법적 사고에서 벗어나 새로운 관점으로 접근해 보면, AI는 인간을 대체하는 존재가 아닌 교육 현장의 새로운 파트너로서 자리 잡을 수 있다.

AI는 이미 단순한 텍스트 생성을 넘어 복잡한 추론과 창작을 할 수 있는 지능형 도구로 발전했다. 이러한 기술적 진보는 교육 현장에, 전에 없던 가능성을 열어 주고 있다. 맞춤형 학습 콘텐츠 생성부터 실시간 피드백 제공, 개별화된 학습 설계까지 가능해진 것이다. 하지만 핵심은 AI가 할 수 있는 일을 나열하는 것이 아니다. 진짜 중요한 것은 AI의 특성을 교육적으로 어떻게 활용하느냐이다.

인간만이 할 수 있는 것

교육은 단순히 지식과 정보를 전달하는 일방적인 과정이 아니라, 교사와 학생, 그리고 학생 간의 복잡하고 미묘한 상호 작용을 통해 이루어지는 인간적 행위다. 학생이 수업 중에 좌절감을 느끼거나 자신감을 잃었을 때, 숙련된 교사는 그 학생의 표정, 몸짓, 목소리의 변화를 민감하게 포착하고 적절한 격려와 지원을 제공할 수 있다. 이러한 감정적 이해와 공감은 단순한 데이터 패턴 분석으로는 구현하기 어려운 인간만의 능력이다. AI는 학습자의 정답률이나 응답 시간 같은 객관적 지표는 분석할 수 있지만, 그 뒤에 숨어 있는 감정의 미묘한 변화나 동기의 복잡한 양상을 읽어내기는 어렵다.

더 나아가 이러한 감정적 이해는 교사가 사회적 맥락을 파악하는 능력과도 깊이 연결된다. 교실은 복잡한 사회적 역학이 작용하는 공간으로, 학생 간의 관계, 문화적 배경의 차이, 가정 환경의 영향 등 수많은 요소가 학습 과정에 영향을 미친다. 어떤 학생이 수학 문제를 계속 틀리는 것이 단순히 개념 이해 부족 때문이 아니라 가정에서의 스트레스나 친구들과의 갈등 때문일 수 있다. 경험 있는 교사라면 이러한 복합적 요인들을 종합적으로 고려하여 해당 학생에게 필요한 지원할 수 있다. 이는 AI가 아무리 발달해도 쉽게 대체하기 어려운 교사의 핵심 역량이다.

윤리적 판단 능력은 교사만이 가진 또 다른 핵심적 특성이다. 교육 현장에서는 매일 무엇이 옳은지 그른지 판단해야 하는 크고 작은 윤리적 결정들이 이루어진다. 평가의 공정성을 어떻게 보장할 것인가, 교육 기회를 어떻게 평등하게 분배할 것인가와 같은 문제들은 단순한 알고리즘으로 해결할 수 있는 것이 아니다. 이러한 상황에서는 인간의 가치 판단, 도덕적 추론, 그리고 상황에 대한 종합적 고려가 필요하다.

현대 과학 기술에 대한 윤리적 성찰 또한 교사가 영향을 미치는 중요한 분야 중 하나다. 유전자 편집 기술, 핵에너지 활용, 기후 공학 등 현대 과학 기술은 인류에게 거대한 기회와 위험을 동시에 제공한다. AI는 이러한 기술들의 작동 원리와 잠재적 영향에 대한 정보를 제공할 수 있지만, 그것이 옳은지 그른지, 어떻게 사용해야 할지에 대한 가치 판단은 궁극적으로 인간의 몫이다. 교사는 학생들이 과학적 지식을 바탕으로 윤리적 사고를 기를 수 있도록 안내하는 핵심 역할을 담당한다.

과학 교육에서 교사의 역할은 과학사의 인간적 드라마를 생생하게 전달하는 것이다. 뉴턴이 만유인력의 법칙을 발견했다는 사실보다 더 중요한 것은, 그가 어떤 고민과 탐구 과정을 거쳤는지, 당대의 다른 과학자들과 어떤 논쟁을 벌였는지, 그의 발견이 인류의 세계관에 어떤 변화를 불러왔는지에 대한 이야기다. 마리 퀴리가 라듐을 발견하기까지 겪었던 수많은 실패와 좌절, 멘델레예프가 주기율표를 완성하면서 보여 준 집요한 탐구 정신, 왓슨과 크릭이 DNA 구조를 밝혀내기까지의 창의적 사고 과정 등은 수치로 측정할 수 없는 과학의 진정한 가치를 보여 주는 사례다.

교사는 과학적 사고력과 비판적 평가 능력의 개발에서도 핵심적 역할을 한다. 정보의 홍수 속에서 어떤 자료가 신뢰할 만한지, 어떤 연구 결과가 타당한지 판단하는 능력을 기르는 것은 현대 교육의 핵심 과제다. AI는 논문의 인용 지수, 연구 방법론의 타당성, 데이터의 통계적 유의성 등을 분석해 객관적 지표를 제공할 수 있지만, 그 지표들을 종합해 전체적인 맥락에서 판단하고 과학적 발견이 사회에 미치는 영향까지 고려하는 것은 인간만이 할 수 있는 고차원적 사고다.

새로운 교육 생태계: AI와 함께하는 교실의 미래

이러한 맥락에서 AI 시대에 교사의 역할은 기술을 거부하거나 기술에 대체당하는 것이 아니라, 자신의 고유한 가치를 더욱 명확히 하고 AI를 효과적으로 활용하는 것이다. 교사는 AI가 제공하는 정보와 분석 결과를 비판적으로 검토하고, 그것이 교육적으로 적절한지 판단해야 할 뿐만 아니라, 학생들에게 AI를 올바르게 활용하는 방법을 가르치고 AI의 한계를 인식할 수 있도록 지도해야 한다.

학생들의 디지털 리터러시 교육은 이러한 맥락에서 필수 과제가 된다. 학생들이 AI의 작동 원리를 이해하고, 그 결과를 비판적으로 평가할 수 있는 능력을 기르도록 도와야 한다. AI가 만들어 낸 정보나 분석 결과를 맹목적으로 믿지 않고, 다양한 출처를 비교 검토하며, 자신만의 판단을 내릴 수 있는 능력을 함양하는 것이 중요하다.

AI 검출 도구로 학생들의 과제물을 감시하거나 AI 사용을 금지하는 규칙 만들기에 매달리는 대신, AI와 함께하는 새로운 교육 생태계를 구축하는 일에 집중해야 한다. 구체적인 모습을 상상해 보면, 국어 수업에서 학생들이 AI와 논증을 주고받으며 자신의 사고를 정교하게 다듬어 가는 장면을 떠올려 볼 수 있다. 과학 수업에서는 AI 시뮬레이션을 통해 복잡한 실험 과정을 안전하게 체험할 수 있다. 수학 시간에는 AI 튜터가 각 학생의 이해 수준을 실시간으로 파악하여 최적화된 문제를 제시하고, 사회 수업에서는 역사적 인물과의 AI 대화를 통해 과거와 현재를 연결하며 깊이 있는 성찰에 이를 수 있다.

여기서 AI는 단순한 정답 제공 기계가 아니다. 학습 과정에서 학생들의 사고를 자극하고 확장하는 촉매제이자, 각 학습자의 고유한 특성을 이해하고 맞춤형 지원을 제공하는 지능형 동반자로 기능한다. AI 기술의 발전으로 개별 학습자의 스타일과 수준을 정확히 분석하여 맞춤형 교육을 제공하는 것이 이제 현실로 다가왔다.

결국 AI와 함께하는 교육의 미래는 기술과 인간의 조화로운 협력에 달려 있다. AI의 놀라운 분석 능력과 개별화 기능을 인정하고 활용하되, 교육의 본질인 인간적 관계와 소통의 가치를 견지하는 것이 필요하다. AI는 방대한 데이터 처리와 패턴 인식에서 인간을 뛰어넘는 능력을 보여 주지만, 창의적 사고, 감정적 공감, 윤리적 판단의 영역에서는 여전히 인간의 고유한 역할이 작용한다.

미래의 교실에서 AI는 교사의 행정 업무를 줄이고, 개별 학생의 학습 진도를 실시간으로 파악하며, 맞춤형 학습 자료를 제공하는 보조자 역할을 할 것이다. 이를 통해 교사는 더 많은 시간을 학생과의 직접적인 상호 작용, 창의적 활동 설계, 개별 학생의 전인적 성장 지원에 할애할 수 있게 될 것이다.

교육의 중심에는 여전히 인간이 있어야 하며, AI는 그 인간적 교육을 더욱 풍부하고 효과적으로 만드는 도구로서의 역할에 충실해야 한다. 교사의 전문성과 윤리적 판단력, 그리고 학생과의 인간적 연결은 어떤 첨단 기술로도 대체할 수 없는 교육의 핵심 가치임을 잊지 말아야 한다. 미래의 교육은 AI의 기술적 효율성과 인간의 창의적 통찰력이 조화를 이루는 새로운 패러다임을 통해 더욱 의미 있고 풍성한 학습 경험을 제공하게 될 것이다.

AI 시대의 교육은 더 이상 일방적 지식 전달의 장이 아니다. 교사와 학생, 그리고 AI가 함께 만들어 가는 협력적 학습 공동체로 변화하고 있다. 이 변화의 물결 속에서 우리가 모두 새로운 교육의 주역이 되어, 미래 세대를 위한 더 나은 배움의 터전을 만들어 나가야 한다.

참고문헌

변정호(2023). “생성적 인공지능의 교육적 활용 방안 탐색: 생물학습을 위한 ChatGPT 활용을 중심으로”. 《Brain, Digital, & Learning》, 13(1), 1~17쪽.

성태제 외(2024). “생성형 AI 시대, 교육의 변화와 교육평가의 향방”, 《교육평가연구》, 37(1), 1~28쪽

최민영·이태욱(2019). “인공지능 교육의 현황과 학교 및 교사의 역할 변화 예측”. 《한국컴퓨터교육학회 논문집》, 23(2), 85~88쪽.

Anderson, J. & Rainie, L.(2018). Artificial Intelligence and the Future of Humans. Pew Research Center.

Bates, T.(2015). *Teaching in a Digital Age: Guidelines for Designing Teaching and Learning*. Tony Bates Associates.

Biesta, G.(2015). *Good Education in an Age of Measurement: Ethics, Politics, Democracy*. Paradigm Publishers.

Lee, D. & Kwon, H.(2024), Meta-analysis on effects of artificial intelligence education in K-12 Korean classrooms, *Education and Information Technologies*, 27(6).

pp.22859~22894.

Hargreaves, A. & Fullan, M.(2012). *Professional Capital: Transforming Teaching in Every School.* Teachers College Press.

Lim, W. M.(2023). Generative AI and the future of education: Ragnarok or reformation? A paradoxical perspective from management educators. *The International Journal of Management Education 21*(2).

Schiff, D.(2021). Out of the laboratory and into the classroom: the future of artificial intelligence in education. *AI & Society, 36*(1), pp.331~348.

김지연

경기도 화성시에 위치한 안용중학교 과학 교사다. 이화여자대학교 물리학과에서 학사, 석사 공부를 하고 동 대학원 교육대학원에서 석사 학위를 받았다. 과학 교육의 현장성과 사회적 합의, 과학과 사회를 연결하는 융합적 교육에 깊은 관심을 가지고 있다. 한국교육개발원 연구원과 서울대학교 프런티어물리인력사업단에서 연구원으로 활동하며 교육 현장과 과학 연구를 연결하는 다양한 프로젝트에 참여했다. 주요 연구로 "GaMnAs의 라만분광학 연구"(2006)와 "사회적 합의과정을 강조한 과학과 관련된 사회 윤리적 문제(SSI) 교수의 교육적 효과"(2012) 등이 있다.

문선희

경기도 화성시에 위치한 안용중학교 국어 교사다. 한양대학교 국어교육과를 졸업하고, 동 대학원 국어교육학과에서 석사 후 "반론 중심의 논증적 글쓰기 연구"(2019)로 박사 학위를 받았다. 국어 교육의 실제성과 시민 교육, AI의 교육적 활용에 깊은 관심을 가지고 있다. 2023년 경기도 국어문화진흥사업 공동연구원으로-지역 언어문화 발전과 교육 현장의 실질적 변화를 위한 연구를 수행했다. 다수 시민 교육 관련 교육청 프로젝트 연구위원으로 참여하고 시민 교육과 국어 교육의 연계 방안을 모색했다. 주요 저서로 경기도교육청에서 발간한 《더불어 사는 민주시민》(중학교, 고등학교), 《수업 고민 사전: 국어 편》

(창비) 등이 있다. 그 외 “국어교육의 실제성 구현을 위하여: 주체성과 공공성을 중심으로”(2019), “작문 교육 관점에서 대화주의와 신수사학 비교 고찰”(2013), “아동의 높임 표현 발달에 관한 종적 연구”(2013) 등의 논문을 KCI 등재 학술지에 게재했다.